ro
ro
ro

Zu diesem Buch

Der Siegeszug der elektronischen Medien hat bei vielen Menschen Mangelerscheinungen hervorgerufen. Eltern mögen sich ihren Kindern wieder zuwenden, Erzieherinnen in Krippe und Kindergarten suchen nach Spielen, die ihnen und den Kindern Vergnügen bereiten. Sie entdecken dabei, daß ihnen vor dem Fernsehschirm jene alltägliche Kultur des Spielens, Singens, Wiegens, Tanzens, Dichtens und Bewegens abhanden gekommen ist, über die unsere Großmütter noch souverän verfügten.

Der Autor dieses Buches war viele Jahre lang Lehrer an einer Fachschule für Sozialpädagogik. Da fing er an, alte Spielverse für Kinder neu auszuprobieren und anderes dazuzusammeln: Handtheater und Kniereiter, Kreisspiele und Lügen- sowie Quatschgeschichten, einen vollen Korb von bekannten und neuen Kinkerlitzchen zum allseitigen Vergnügen zwischen ganz jung und jung gebliebenen Eltern oder Erzieherinnen und Erziehern. Vieles hat der Autor in eine zeitgemäße Form gebracht und ebenso vieles selbst beigesteuert. Die Sammlung will nicht nur benutzt sein, sie regt zum schöpferischen Umgang mit Spielen und Gedichten, mit Versen, Liedern und Reimen an.

Raimund Pousset, Diplom-Pädagoge, Jahrgang 1946, Oberstudienrat, verheiratet, eine Tochter (Jg. '89), arbeitet als Fachbereichsleiter für Altenpflege am Berufsschutzzentrum Heilbronn und lebt in Heidelberg.

Raimund Pousset

Fingerspiele
und andere Kinkerlitzchen

Spiel-Lust mit kleinen Kindern

Fotos: Jürgen Junker-Rösch

Rowohlt Taschenbuch Verlag

Mit Kindern leben

Herausgegeben von Bernhard Schön und Horst Speichert

Für Utta

25. Auflage 2008

Veröffentlicht im Rowohlt Taschenbuch Verlag,
Reinbek bei Hamburg, Oktober 1983

Umschlaggestaltung Büro Hamburg
(Foto: J. Junker-Rösch)
Quellennachweis S. 186 f.
Satz Apollo und Syntax PostScript QuarkXPress, 3.32
Gesamtherstellung CPI – Clausen & Bosse, Leck
Printed in Germany
ISBN 978 3 499 60641 0

Liebe Leserin, lieber Leser,

Praktische «Mitmachbücher» erfreuen sich steigender Beliebtheit, nicht nur bei Vätern und Müttern, sondern auch bei Erzieherinnen und Erziehern in Krippe, Kindergarten und Hort – bei Lehrerinnen und Lehrern.

Kürzlich berichtete mir z. B. eine Hauptschullehrerin, wie sie mit Rätseln und Scherzfragen eine Vertretungsstunde mit Bravour über die Runden gebracht hat. Schüler und Lehrerin hatten am Ende der Stunde Lachmuskelkater und eine Menge gelernt.

Umgang mit Kindern ist eine ernste, aber ebenso sehr fröhliche Angelegenheit. Das gilt auch für dieses Buch mit Fingerversen, Handmärchen, Kreisliedern, Unsinngeschichten und vielen anderen Spielanregungen für die Eltern der ganz Kleinen bis etwa Achtjährigen – und somit ebenso für die Erzieherinnen in der Krippe und im Kindergarten.

Viel Spaß und vergnügtes Knuddeln und Spielen mit Ihrem Kind!

Inhalt

Krabbelmärchen

Kapitel 2

Mit den Händen

Handmärchen

Handklapp

Kapitel 3

Zum Einschlafen und Aufwachen

Kapitel 4

Kniereiter

Kapitel 5

Schattenspiele 89

Kapitel 6

Für die Kindergruppe: zu mehreren tanzen und sich bewegen

Kreisspiele

Spielen am Tisch

Kapitel 7 Hand- und Fingertricks

Kapitel 8 Und dann mit der Sprache spielen

Selber dichten

Laut- und Reimsalat

Lügen- und Quatschgeschichten

Kapitel 9
Spiellieder und kleine Balladen

Pantomimische Versuche

Kleine Balladen

Kapitel 10
Lieder für die Großen

Vorbemerkung

Von den Fingern, die die Welt ergreifen

Zu meiner großen Freude haben sich meine «Fingerspiele und andere Kinkerlitzchen» seit der 1. Auflage von 1983 zu einem beliebten Longseller entwickelt, oft verschenkt zu Geburten und Geburtstagen oder als kleines Mitbringsel, bei Eltern und Erzieherinnen gleichermaßen beliebt. 1998, also nach 15 Jahren und 164 000 verkauften Exemplaren, fand ich es an der Zeit, das Buch zu überarbeiten und auf den neuesten Stand zu bringen. Ein paar verstaubte Texte und Bilder habe ich herausgenommen, ein paar neue Texte habe ich hinzugefügt. Aus Texten, die ich in den letzten Jahren geschrieben habe und zu denen Klaus W. Hoffmann Melodien gemacht hat, habe ich ein neues Kapitel, das 10., gemacht, in dem auch die älteren Kinder auf ihre Kosten kommen. Aus zahlreichen Leserbriefen wissen wir nämlich, daß die «Fingerspiele» noch bis in die Grundschule hinein Verwendung finden. Deshalb soll das Buch die Kinder über sieben Jahre hinweg begleiten können. Ich hoffe und wünsche, daß die überarbeitete Neuauflage den alten Geist des Buches, diese gelungene Mischung von Vertrautem und Neuem, von Rauhem und Zärtlichem, von Mut und Zaghaftigkeit, auch weiterhin lebendig werden läßt.

Früher beherrschten die Mütter bzw. Großmütter viele Fingerspiele, Märchen und kleine Erzählchen. Sie brauchten all das aus keinem Buch zu lernen, sie hatten ihre Kenntnisse aus einer lebendigen Überlieferung, die heute zerbrochen ist. Nur einige wenige Spiele und Verse sind noch weit verbreitet und jedermann bekannt, wie z. B. «Das ist der Daumen, der schüttelt die Pflaumen», oder «Da hast'n Taler».

Ich habe in meiner Kindheit von meinen Eltern und Verwandten viele Fingerspiele erlernt, manche wieder vergessen. Die mir gefallen haben, habe ich selbst oft mit meiner Tochter oder anderen Kindern gespielt. Auch als Erwachsener. Mit sprachfreien Spielen wie dem «Daumentrick» machte ich sogar im fernen Kenia Kinder neugierig. Sie versuchten mit großem Spaß, hinter das Geheimnis zu kommen.

«Fingerspiele»: das sind für mich in diesem Buch Fingerverse, Handmärchen, Partnerspiele, Gruppenbewegungsspiele, Fingerlieder, Fingertheater (mit Hilfsmittteln) und Schattenspiele. Die *Bewegung* der Finger und/oder eines Körperteils verbindet sich mit dem durch die *Stimme* zum Klingen gebrachten Text.

Fingerspiel – das ist also ein kleines Hand-Theater. Und wie das große Theater endet es überraschend. Daneben gibt es in diesem Buch Sprachspiele, die den Fingerspielen verwandt sind und leicht mit etwas Geschick in ein Fingerspiel verwandelt werden können.

Die Sammlung ist für Eltern von Kindern zwischen der Geburt und dem siebten, achten Lebensjahr gedacht.

Meine Auswahl von Finger-Spielen und anderen Kinkerlitzchen ist persönlich und willkürlich. Spiele lassen sich nun einmal schlecht in ein bestimmtes Raster pressen. So kann ich z. B. die Aufnahme von «Einschlaftexten» nicht mit irgendeinem Ordnungsprinzip begründen, nur mit einem sehr großen Bedarf: Viele Erzieher, die z. B. keine religiösen Bindungen (mehr) haben, wollen ihren Kindern doch nicht die meist mit dem Abendgebet verbundene schöne Stimmung vorenthalten. Also greifen sie zu traditionsreichen, manchmal halbreligiösen «Schaf-und-Engel-Versen». Hier möchte ich Alternativen bieten bzw. zu solchen anregen.

Ebenso willkürlich wie die Auswahl der Texte wären auch alle weiteren Altersangaben. Wie gesagt: ganz grob gesehen, sind die hier versammelten Spiele für Kinder vom Säuglingsalter bis ins Grundschulalter gedacht.

Ob ein Text mit entsprechender Gestik und Mimik bei einem Kind überhaupt «ankommt», ist nur in der Praxis zu erfahren! Kinder reagieren manchmal zunächst mißtrauisch oder ablehnend auf Fingerspielangebote, besonders dann, wenn sie damit noch keine Erfahrung haben. In solchen

Fällen empfiehlt es sich, andere Spiele anzubieten oder das Angebot etwas später zu wiederholen.

Vielleicht lag es auch daran, daß der Text abgelesen oder zu eintönig vorgetragen wurde?

Runterleiern wie weiland die beliebten Schulgedichte ist für Fingerspiele tödlich! Versuchen Sie, Stimmlage, Ausdruckstärke, Gestik und Mimik dem Inhalt des Textes anzupassen.

Mutig probieren! Bald melden die Kinder deutlich ihr Interesse an Fingerspielen an (nämlich, wenn sie das Prinzip verstanden haben), lauschen gern neuen Texten, auch wenn ihr Lieblingsvers einsam und unerreichbar an der Spitze rangiert und immer wieder wiederholt werden muß. Im Wiedererkennen eröffnet sich für ein Kind ein Stück sichere Weltsicht. Es weiß, was jetzt kommt. Es freut sich darüber. Oder aber auch über eine Wortverdrehung, über das sanfte Schaukeln auf dem Schoß und den angenehmen Körperkontakt.

Die Kinder entscheiden, welche Fingerspiele Bestand haben. Es sei ihr «anarchischer Humor», meint Hans Magnus Enzensberger, der die Fingerspiele am Leben erhalten habe. Für meinen Pädagogik-Unterricht bei angehenden Berufserzieherinnen und -erziehern benötigte ich zu Beginn der achtziger Jahre zum Thema «Krippen» Material, das solchen lebendigen anarchischen Humor enthielt. Ich begab mich auf die Suche.

Das meiste, was ich in Veröffentlichungen fand, von Erzieherinnen und Eltern erhielt, stammte – wie sich dann herausstellte – aus sehr alten

Sammlungen: aus *Des Knaben Wunderhorn* von Arnim und Brentano oder aus den *Mutter- und Koseliedern* vom Begründer des Kindergartens, Friedrich Fröbel.

Im elterlichen Bücherschrank stieß ich dann auf ein schmales, abgenutztes braunes Heftchen aus dem Jahre 1941, in dem Emma Carp 77 Fingerspiele vorgelegt hatte. Bei den meisten war mit Bleistift ein Kreuz am Rand gemacht: an diese alle konnte ich mich sofort erinnern. Wir hatten sie oft im großen Familienkreis gespielt.

Diese Spiele brachte ich in den Unterricht ein – nicht nur, weil ich das gemeinsame Lachen zwischen Kind und Erzieher wichtig finde, sondern auch weil sie für die «psychomotorische» Entwicklung von Kleinkindern förderlich sind.

Heute sind Fingerspiele wieder «in». Das war 1983, als die erste Auflage von «Fingerspiele und andere Kinkerlitzchen» erschien, noch völlig anders. Da waren Fingerspiele verpönt, galten als spießbürgerlich und/oder antiquiert. Es gab auch nur wenige Bücher dazu. Im wesentlichen konnte man in der damaligen Bundesrepublik eine Übersetzung eines Schweizer Buches und den Nachdruck eines DDR-Textes kaufen. Mit dem Erscheinen von «Fingerspiele und andere Kinkerlitzchen» aber drehte sich der Wind bald: Fingerspiele waren nun in aller Munde und Hände. Es scheint, daß mein Buch zu dieser Trendwende einen kleinen Beitrag leisten konnte. Immer mehr Verlage kamen im Verlauf der letzten

Jahre wegen der großen Nachfrage mit Fingerspiel-Titeln auf den Markt, manche davon sind allerdings längst wieder vom Markt verschwunden. Heute werden über 100 Titel angeboten.

Für gestreßte Erzieher springen neben dem gemeinsamen Lachen und der psychomotorischen Förderung zuerst ganz andere Anwendungsmöglichkeiten ins Auge: das Beruhigen in den verschiedensten Situationen. Als Spontanspiel kann ein Fingerspiel das Kind beim Wickeln ablenken, beim Essen konzentrieren, beim Nägelschneiden beruhigen, beim langen Warten faszinieren, beim Zubettgehen einschlummern lassen, das Ohrenreinigen problemloser gestalten helfen und bei kleinen Schmerz- und Angstzuständen «magischen» Trost erfahren lassen. So oft wie möglich sollte dabei der Name des Kindes, anderer Kinder oder Bezugspersonen eingesetzt und je nach Situation statt Mädchen – Junge oder statt Mann – Frau usf. genannt werden.

Fingerspiele wirken auf Erwachsene oft albern und kindisch. Machen Sie einmal einem Bekannten in einem Lokal deutlich sichtbar ein bewegungsreiches Fingerspiel vor. Das Mitleid der Umstehenden ist Ihnen gewiß! Offensichtlich haben wir die Fähigkeit verloren, öffentlich hingebungsvoll zu spielen oder solches Spiel zu tolerieren. Unsere Spieltradition ist ge-, unsere Spielumwelt zerbrochen. Darum müssen wir, bevor wir mit Kindern ein Fingerspiel spielen, Text, Bewegungen und ggfs. Melodie sicher beherrschen. Ablesen wirkt steif und kann den Erfolg leicht vermasseln. «Erzählen ist besser als Vorlesen, weil es Flexibilität erlaubt» (Bettelheim 1980, S. 173).

Am besten ist es, den Text vorher zu üben und nur noch gelegentlich hilfesuchend ins Buch zu schielen. Für viele wird Lernen über Hören leichter gelingen: Sprechen Sie doch einfach die gewünschten Texte auf Kassette, und lassen Sie sie sich ein paarmal vorspielen. Bei den Liedern wird es um einiges schwieriger. Beherrschen Sie ein Instrument – keine Probleme.

Bei manchen Fingerspielen bedarf es ausgesprochener Übung der Hände und Geschicklichkeit, etwa beim Spiel «Wasserpumpen». Aber auch wenn mal etwas nicht klappt, ist das kein Beinbruch!

Dem Fingerspiel wird vorgehalten, es lasse sich zum bequemen Ruhighalten von Kindern mißbrauchen. Das stimmt. Aber mißbrauchen kann man fast alles. Mißbrauch spricht nicht gegen das Fingerspiel.

Die Kritik zum zweiten: Fingerspiele enthielten so viel stupide Heile-Welt-Sicht. Wie wahr *war* das! Ich habe Texte ausgewählt, in denen kindlicher Alltag und Probleme phantasiereich, lustvoll, aufklärerisch und anregend zum Sprechen und Spielen kommen, dort ansetzen, «wo sich das Kind in seiner seelischen und emotionalen Existenz befindet», seinen «gestaltlosen, namenlosen Ängsten» und seinen «chaotischen, zornigen oder auch gewalttätigen Phantasien» Sprache verleihen und es mit «grundlegenden menschlichen Nöten» konfrontieren (Bettelheim 1980, S. 12, 13, 14).

Einige Texte mögen kompliziert klingen oder sonstwie zu anspruchsvoll. Die Kinder entschei-

den selbst, ob sie den Text mögen. Was das Verstehen angeht: Manche Stellen lassen sich einfach erklären. Und außerdem macht es auch Spaß, den Text zu verändern. Das ist jedenfalls leichter, als einen neuen Text zu dichten, was aber auch großen Spaß machen kann.

Manchmal geht eine solche Änderung ganz einfach. So störte mich z. B. etwas an dem Text: «Zwei Mädchen wollten Wasser holen / zwei Buben wollten pumpen / da guckt der Herr zum Fenster raus / «Was macht ihr da, ihr Lumpen!?», und zwar zwei Sachen: Offensichtlich wird hier eine Arbeitssituation dargestellt. «Der Herr» ist der Feudal- oder Gutsherr. Deshalb ändere ich hier einfach in «*ein* Herr» um.

Die letzte Zeile ändere ich ab, weil mir nicht gefällt, daß Kinder für eine Arbeit (Pumpen) bedroht werden. Hier gebe ich die Variante wieder, wie ich sie bei meinen Eltern gehört habe «und sagt: Guten Tag, ihr Lumpen!»

Ich plädiere dafür, auch scheinbare Kleinigkeiten zu verändern, wenn sich dahinter wichtige gesellschaftliche Vor-Urteile oder Fehldeutungen, naturwissenschaftliche Fehler oder Möglichkeiten des Mißverständnisses verbergen.

(Nicht verändern würde ich dagegen im Vers «Da hast 'n Taler / geh auf den Markt ...» das veraltete Wort «Taler». Kinder wissen nur allzubald, daß es sich dabei um Geld handelt, und verbinden mit dem Wort «Taler» leicht den Begriff der «Münze». Auf Nachfrage kann man es näher erklären.)

Nun noch ein Beispiel für eine Veränderung:

Alter Text:
jeweils auf Finger deuten
Daumen Das ist der Vater mit frohem Mut,
Zeigefinger das ist die Mutter, lieb und gut,
Mittelfinger das ist der Bruder, schlank und groß,
Ringfinger das ist die Schwester mit dem Püppchen im Schoß,
kl. Finger das ist das Kindchen, klein und zart:
das ist die Familie von guter Art!

Neuer Text:
Ich kenn ein buntes Haus,
da wohnt Familie Gaus!
Der kleine Sohn heißt Klaus,
die Schwester fängt 'ne Maus.
Die Mutter zieht die Stirne kraus,
der Vater rennt zur Wohnung raus,
da frißt die Katz die Maus –
und die Geschicht ist aus! (s.a. S. 38)

Der alte Text hat die klassische Rollenverteilung und entsprechende Äußerungen dargestellt; dies gilt auch für die Reihenfolge der bezeichneten Finger (der Vater ist immer der Daumen!). Dem versuche ich in meinem Textvorschlag entgegenzuwirken, indem ich die Familienhierarchie und die Verhaltensweisen durcheinanderwirble. Trotzdem bleibt auch bei mir die typische Kernfamilie erhalten. Es wäre allerdings wünschenswert, wenn in Fingerspielen auch andere Familien- oder Lebensformen berücksichtigt würden (Einelternfamilien, Kinder in Heimen oder Wohngemeinschaften usw.).

In die neuen veränderten Fingerspiele sollten konkrete Umwelterfahrungen der Kinder mit einfließen. Dabei helfen die Kinder, wenn wir sie nur lassen! Bei vielen Spielen können wir sie fragen, wie der Satz zu Ende gehen könnte usw.

Beim Abändern der Texte besteht eine Gefahr: Viele Erwachsene sind von einem rätselhaften Zwang zur Verniedlichung befallen. Dies wirkt meist keineswegs kindlich, sondern eher kindisch, anbiedernd oder gedankenlos.

Ernsthaftigkeit und keineswegs Banalität entdecken wir rasch, wenn wir uns die Fingerspiele genauer betrachten.

Fingerspiele atmen Künstler-Luft: des Dichters, des Sängers, des Schauspielers, des Tänzers und Pantomimen. Der Künstler-Luft des Dichterwortes verleihen wir Gestalt: mit unserer Stimme, mit unserer Bewegung, mit Gestik, Mimik, Körperhaltung, Stimmfärbung und Melodie. Und es dauert nicht lange, dann ahmen uns die Kinder nach.

Fingerspiele finden sich in allen Kulturen. Offenbar ahnten alle Völker, wie wichtig die Anregung der Kinder durch die Beschäftigung mit den Händen, mit Rhythmus, Wohllaut, Melodien und Körperkontakt sowie Bewegung ist. Fingerspiele wurden aber auch immer wieder gern in den Dienst von politischen Ideologien gestellt, sei es im Dritten Reich oder der DDR. Doch «an ihrem anarchischen Humor» sei, wie Enzensberger meint, noch jede Ideologie gescheitert. Von Mund zu Mund weitergetragen, als «Volksgut» schriftlich gesammelt und überliefert, sind Fingerverse nun natürlich nicht ahistorisch und ohne den Einfluß von Weltbild und Zeitgeist (Rühmkorf). Aber sie widersetzen sich der schnell durchschaubaren Ideologisierung. Es scheint, als trügen Fingerspiele eine «Wahrheitswitterung» in sich, vielleicht weil Kinder, auch wenn sie die Verse nicht selbst dichten oder schreiben, mit ihrer «Genialität, die im Erwachsenenalter verlorengeht» (Jaspers), alles Wahrheitswidrige, Verlogene und Ideologische ausspeien, was sie von Erwachsenen hören.

Abschließend noch ein kleiner Hinweis: Erwachsene sind meist Rechtshänder, gleichzeitig sind sie nicht nur ein ästhetisches Modell für ihre linkshändigen Kinder («Nimm das schöne Händchen!»), sondern sie schädigen auch ihre rechtshändigen Kinder. Diese ahmen nämlich den Rechtshand-Gebrauch nach bzw. gehen oft auf die Aktivierung der rechten Hand bereitwillig ein, was eine geringere Beanspruchung der zur rechten Hand «gehörigen» linken Hirnhälfte beim Kind fördert. Versuchen Sie auch als Rechtshänderin, einige Fingerspiele mit der linken Hand einzuüben und mit Ihrem Kind zu spielen!

Ihnen und den Kindern viel Spaß beim Umgang mit den Fingerspielen und den anderen Kinkerlitzchen dieser Sammlung.

Heidelberg im Sommer 1998/2008
Raimund Pousset

Paris
87 Boulevart
Gouvion S Cyr

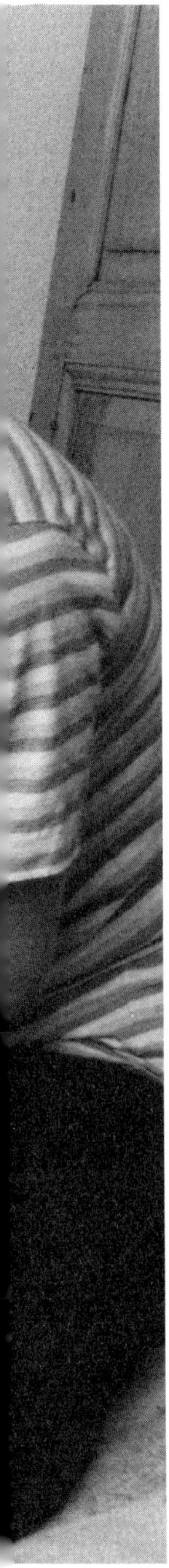

Kapitel 1

Mit den Fingern

Beim Wickeln

Ohrentrocknen

Eins, zwei, drei, vier, fünf und sechs,	*das Kind von den Füßen anfangend bei jeder Zahl antippen / krabbeln*
auf die Nase einen Klecks.	*die Nase antippen*
Sieben, acht und neun und zehn,	*weiter im Kopfbreich antippen*
gleich kannst du mich nicht verstehn.	*kurz ein Ohr zuhalten,*
Ich zähl bis elf und zwölfe,	*sich dem Ohr nähern*
hier unter dem Gewölbe	*hinter dem Ohr krabbeln*
sitzt eine kleine Micky-Maus,	
und die muß schleunigst raus!	*am Ohr krabbeln*

Raimund Pousset

Strampelbrüder/-schwestern

mit beiden Beinen des Kindes spielen

Guten Morgen, ihr Beine!

ein Bein schütteln

Wie heißt ihr denn?

verstellt antworten

Ich heiße Hampel,

ebenso

und ich heiße Strampel!

einen nackten Fuß kitzeln

Und hier ist das Hampelfüßchen

ebenso

und dort das Strampelfüßchen.

Falls das Kind schon mit Hilfe läuft:

das Kind aufrichten bzw. ihm helfen

Hampel und Strampel

losmarschieren

gehen auf große Reise

passendes Wort einsetzen, z. B. «wackelig», «kräftig» usw.

Hampel läuft ...
Strampel läuft ...

Kind an den Armen hochheben und die Beine zappeln lassen, der Körper ist dabei gestreckt

– ein jedes auf seine Weise

Raimund Pousset

Herr Links und Frau Rechts

erst das linke, dann das rechte Bein schütteln

Herr Links und Frau Rechts,

das linke Bein anwinkeln und strecken

die taten nichts Schlecht's.

mit dem rechten ebenso

Auf zum Tanze, Herr Links,
mit Frau Rechts gestern ging's!

Beine kreuzen, linkes Bein oben

Erst tanzten sie so,

nun rechtes Bein oben

dann kreuzten sie, oh,

mit beinden Beinen

und warfen so froh

radfahren

beide Beine zum Po!

Raimund Pousset

Mit den Fingern

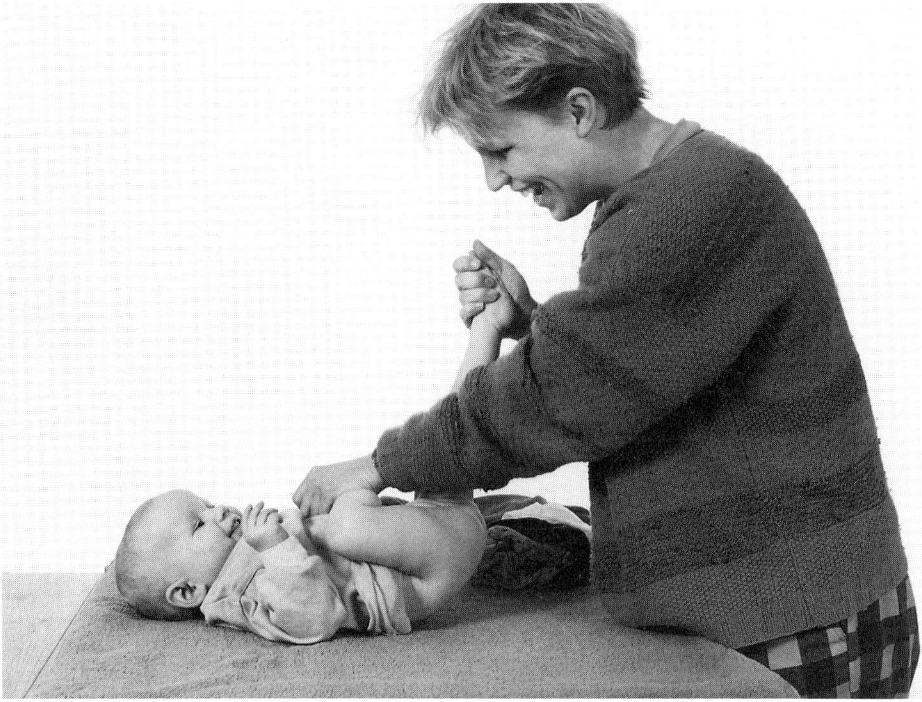

Heilsprüche

Heile, heile Kätzchen

Heile, heile Kätzchen,
's Kätzchen hat vier Tätzchen,
's Kätzchen hat 'nen langen Schwanz,
bald ist alles wieder ganz.
überliefert

Der Frosch ist krank

Denkt euch nur, der Frosch ist krank!
Liegt nur auf der Gartenbank,
quakt nicht mehr, wer weiß, wie lang,
ach, wie fehlt mir sein Gesang!
Denkt euch nur, der Frosch ist krank!
überliefert

Kalter Schnee

Krah, krah, kalter Schnee,
dem Raben tut sein Bein so weh,
dem Has im Feld sein Herz.
In dunkler Zeit, in kalter Zeit,
erwarten sie den März,
der Sonne bringt und Fröhlichkeit:
vergessen ist der Schmerz!
überliefert

Heile, heile Segen

Heile, heile Segen,
morgen gibt es Regen,
übermorgen Schnee,
tut's schon nicht mehr weh!

Heile, heile Segen,
sieben Tage Regen,
sieben Tage Schnee,
Es tut dir nicht mehr weh.

Heile, heile Segen,
sieben Tage Regen,
sieben Tage Sonnenschein,
wird alles wieder heile sein.
überliefert

Heile, heile Segen – ein neues

Heile, heile Segen,
morgen gibt es Regen,
heile, heile Leukoplast,
in 100 Jahr'n du nix mehr hast!
Raimund Pousset

Zupf, zupf, Zehchen

Von der großen Zehe beginnend zupfen wir an jeder Zehe und erhöhen dabei jeweils die Stimme.

Zupf, zupf, zupf, zupf, Zehchen,
macht das ein Wehwehchen?
Wenn das Kind auf unsere Frage mit «ja» antwortet: den Fuß fallen lassen

O Schreck –
da tu ich die Finger weg!
Antwortet das Kind aber mit «nein», wechseln wir zur nächsten Zeile, wiegen den Fuß und fahren mit sanfter Singsang-Stimme fort:

Da mach ich heiter
immer weiter, immer weiter!
Raimund Pousset

Fingerverse

Fingermischsprechspielmaschine

Die senkrechten Wortkolonnen auf der nächsten Seite oben enthalten neue Namen für die einzelnen Finger, suchen Sie passende für Ihr Spiel aus. Oder Sie erfinden selber welche und schreiben Sie unten in die Reihe. Dazu ist Platz gelassen, und so kann leicht das ganz einmalige, unverwechselbare, erste Fingerspiel (vielleicht mit Hilfe des Kindes) mit der Fingermischsprechspielmaschine «fabriziert» werden. Die Namen werden waagerecht vorwärts (dann deutet man zuerst auf den kleinen Finger) oder rückwärts (dann entsprechend auf den Daumen) gelesen und jeweils bei der eigenen Hand oder bei der Hand des Kindes der genannte Finger berührt, gestreichelt oder gezupft. Das Ganze läßt sich z. B. beim Wickeln auch an den Zehen spielen.

Kleiner Finger	*Ringfinger*	*Mittelfinger*	*Zeigefinger*	*Daumen*
Kleiner	*Goldner*	*Langhals*	*Zeiger*	*Dumedott*
Dotz	*Spielmann*	*Langemann*	*Laume*	*Daume*
Knirps	*Ringer*	*Bohnenstange*	*Schlecker*	*Fettwanst*
Schlingel	*Ringwurm*	*Leuchtturm*	*zeigt uns an*	*Dickmadam*
duck nich	*buck nich*	*muck nich*	*heb dich*	*streck dich*
träumen	*lieben*	*hakeln*	*lecken*	*nuckeln*
ich	*du*	*er*	*sie*	*es*
Piccolo	*Ringo*	*Chef/in*	*Django*	*Trummi*
Bambino	...	...	*Popler*	*Läusekiller*
Schelm	...	...	...	...

Raimond Pousset

Sturz in den Brunnen

Der ist in den Brunnen gefallen, — *Daumen*
der hat ihn wieder rausgeholt, — *Zeigefinger*
der hat ihn ins Bett gelegt, — *Mittelfinger*
der hat ihn zugedeckt, — *Ringfinger*
und der kleine Schelm da
hat ihn wieder aufgeweckt. — *kleiner Finger*

überliefert

Hasenbraten

Der ist in den Busch gegangen,
der hat den Hasen gefangen,
der hat ihn heimgebracht,
der hat ihn gebraten,
und der hat's verraten!

überliefert

abwechselnd auf die fünf Finger deuten

Der Hausbau

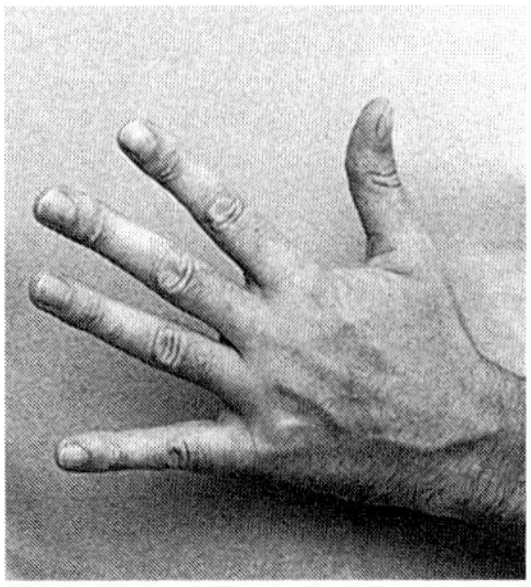

Fünf Leute machten einen Plan und fingen mit dem Hausbau an.

Kind spricht mit

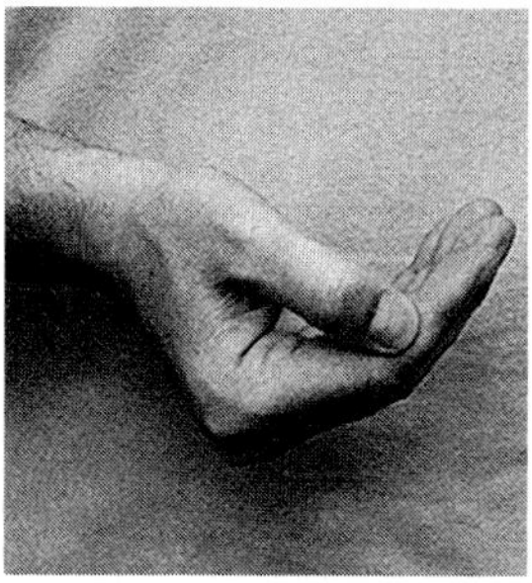

Der / die erste grub das Fundament,

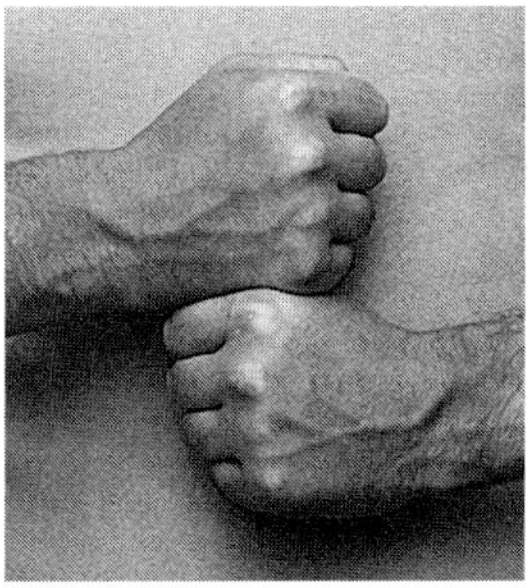

der / die zweite mauerte die Wänd',

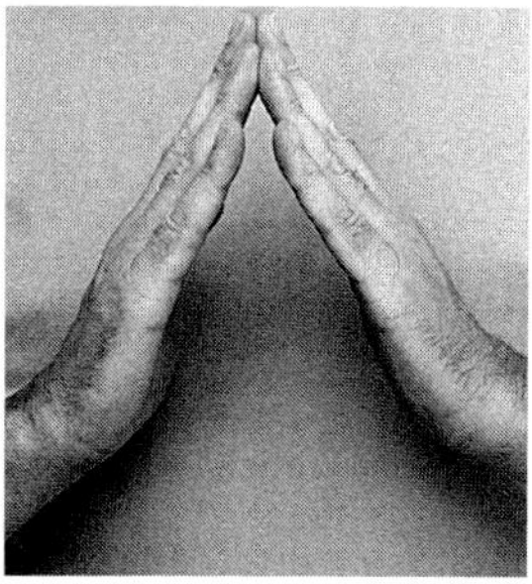

der / die dritte setzte auf das Dach,

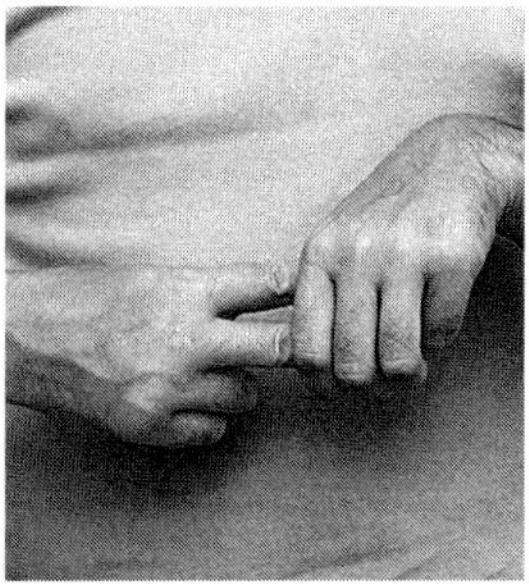

der / die vierte legte Strom danach.

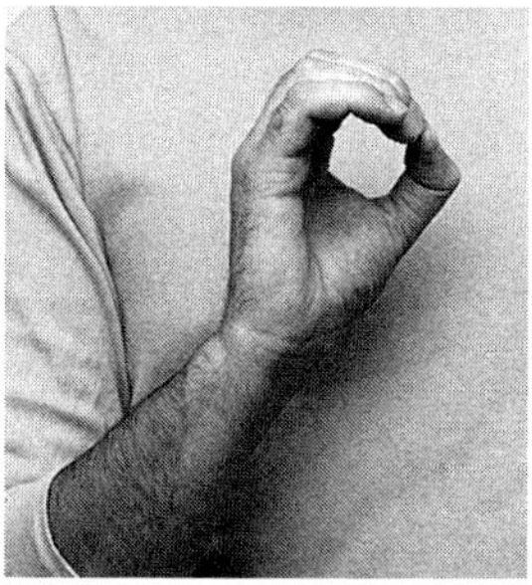

Die Wasserleitung kam zuletzt,
dann ham die fünf sich hingesetzt
und eine Woch' gefeiert –
am Montag, am Dienstag usw.

Auf Hasenjagd

Fünf Leute sind zum Wald gegangen,
zu Ostern woll'n sie Hasen fangen.
Der erste brummt: «Ach, ohne Has
wär Ostern aber wirklich blaß!»
Der zweite rennt bloß hin und her
und schnauft schon bald: «Ich kann nicht mehr!»
Der dritte nimmt sein Opernglas,
knurrt böse: «Nichts zu sehn im Gras!»
Dem vierten ist es bald zu dumm,
er schreit: «Ich kehr jetzt wieder um!»
Der fünfte – kleinste – hat's geschafft
und stolz den Has nach Haus gebracht.
Seitdem, du kannst es schon erraten,
gibt's jetzt zu Ostern Hasenbraten.

Raimund Pousset

Für jede Person jeweils einen Finger heben.

Bei diesem Text kommt es darauf an, die verschiedenen Sprechweisen der fünf Männer deutlich voneinander zu unterscheiden. Der erste brummt, der zweite schreit aufgeregt, der dritte jammert, der vierte spricht ärgerlich.

Binki-Binki

Binki,	*mit den Fingerspitzen auf den Tisch stoßen*
Dalli,	*mit den Nägeln kraulen*
Rafti,	*mit den Handrücken leicht schlagen*
Platti,	*mit der flachen Hand stärker schlagen*
Fausti,	*mit den geballten Fäusten laut trommeln*
Elli.	*leise auf die Ellbogen stützen und den Kopf in den Händen verbergen; die Stille nach dem ansteigenden Geräusch wirkt verblüffend*

überliefert

Der Daumentrick

Beide Daumen um 90 Grad abwinkeln und an der linken Hand so zusammenfügen, daß ein Daumen entsteht. Die «Nahtstelle» mit dem rechten Zeigefinger abdecken, den rechten abgewinkelten Daumen rasch ca. 3 cm auf dem linken Zeigefinger entlangziehen.

Das verlangt einige Geschicklichkeit.

Das ist der Daumen,
stark und dick,

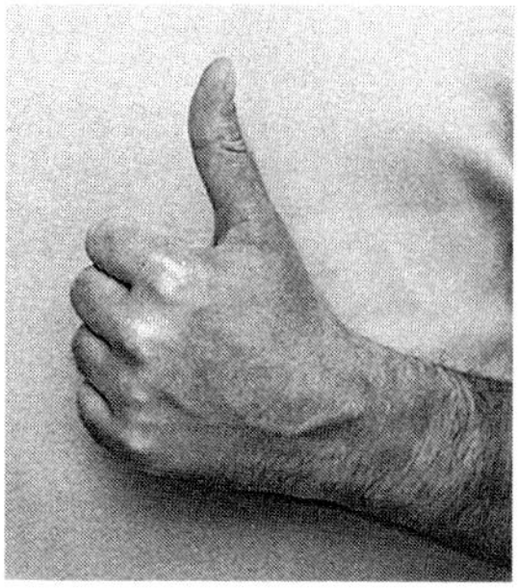

mit dem zeig ich jetzt
einen Trick!

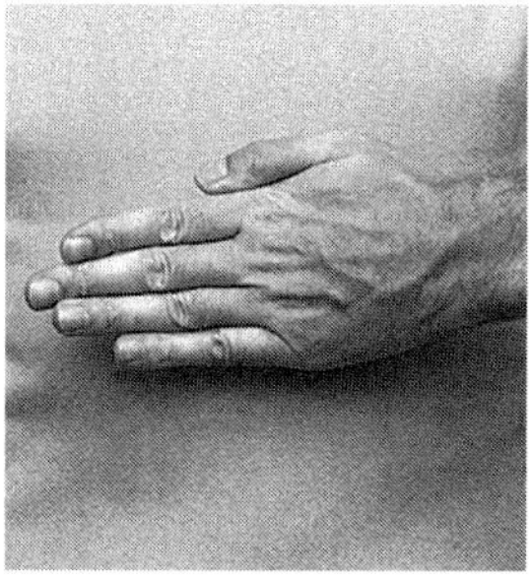

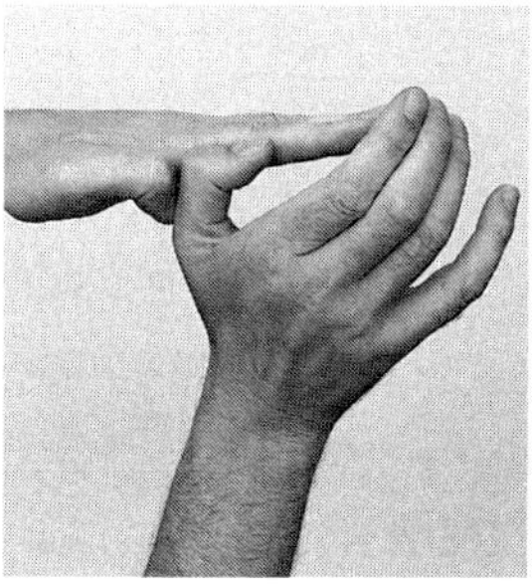

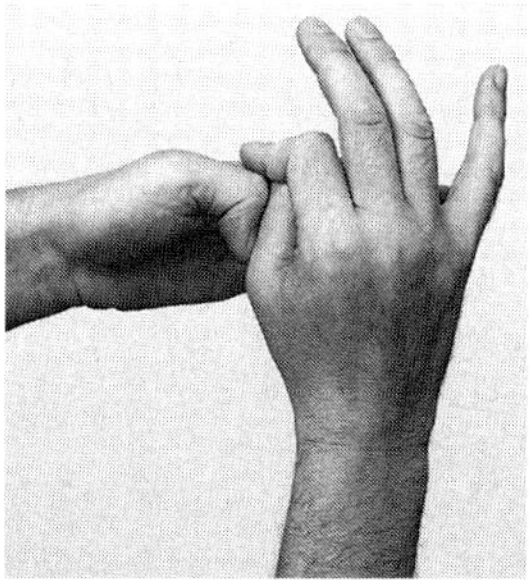

Schau her! Ich zieh
am ersten Teil!

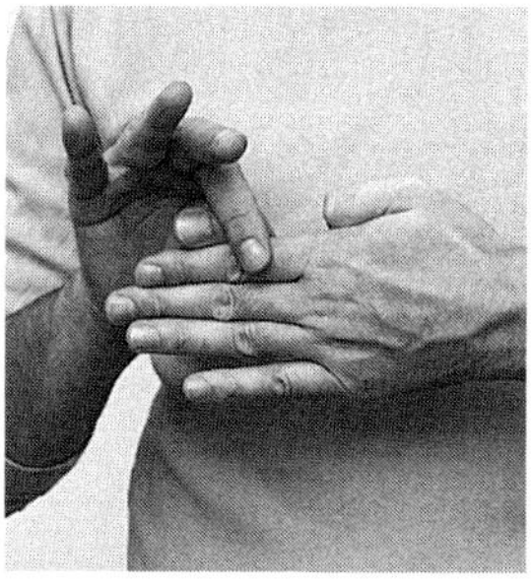

O Schreck!
zurück

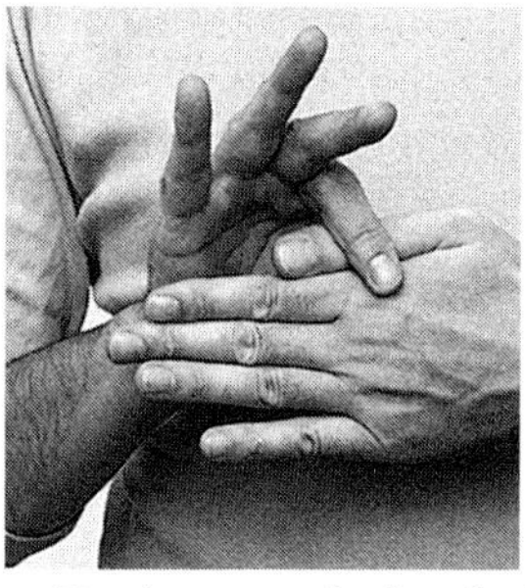

– Da ist er wieder heil!

Raimund Pousset

Mit den Fingern

Alle meine Finger klein

Alle meine Finger klein
sollen jetzt mal Tiere sein!
Dieser Daumen dick und rund
ist der schwarze Schäferhund.
Zeigefinger ist ein Pferd,
das die Kinder reiten lehrt.
Mittelfinger ist die Kuh,
die gibt Milch ohn Rast und Ruh.
Ringefinger ist das Schwein
mit zwölf Ferkeln klitzeklein.
Kleiner Finger ritze-ratz
ist die weiße Miezekatz.
Nachts sind alle fünf im Stall,
hör nur, wie sie schnarchen all.

abwechselnd auf die fünf Finger deuten

alle Finger in die Faust; Schnarchen mit Tierlauten mischen

Raimund Pousset

Pflaumenschütteln

Das ist der Daumen,
der schüttelt die Pflaumen,
der liest sie auf,
der trägt sie nach Haus,
und der kleine Schelm
ißt sie alle auf!

nacheinander alle Finger bis auf den kleinen Finger umlegen

überliefert

Mäusefang

Hände anwinkeln, Dach formen

Ich kenn ein buntes Haus,

fünf Finger einer Handabspreizen

da wohnt Familie Gaus,

kleinen Finger zeigen

der kleine Sohn heißt Klaus,

mit Ringfinger wackeln

die Schwester fängt 'ne Maus,

Mittelfinger zeigen, Stirn kraus ziehen

die Mutter zieht die Stirne kraus,

Zeigefinger «rennt»

der Vater rennt zur Wohnung raus,

Kind leicht packen und schütteln

da frißt die Katz die Maus,

Hände falten, Kopf senken

und die Geschicht ist aus.

Raimund Pousset

Die kleine Raupe Nimmersatt

Rechter Zeigefinger bewegt sich als Raupe zum Daumen und nagt dort ebenso an den anderen Fingern.

Die kleine Raupe Nimmersatt
frißt wochentags nur Blattsalat:
am Montag gibt es Ahornblätter,
am Dienstag schmeckt die Birke netter,
am Mittwoch ist die Zeder gut,
am Donnerstag 's die Dahlie tut,
am Freitag schmatzt sie Eisenhut.
Am Wochenend' sie sich besinnt
und nun was Feines zu sich nimmt:
anstatt der Grünsalate

das Kind raten lassen

speist sonntags sie – Tomate!

Raimund Pousset

Der Daumen Doppeldick

Das ist der Daumen Doppeldick, — *Daumen zeigen, wackeln*
das sieht man auf den ersten Blick.
Und schließ ich meine Hand zur Faust, — *Faust machen*
schlüpft Doppeldick zurück ins Haus. — *Daumen in die Faust*
Schnarcht, daß sich alle Balken biegen, — *schnarchen*
komm näher ran, dann siehst ihn liegen. — *dem Kind ins Ohr blasen*

Raimund Pousset

Fingerwetter

jeweils auf den entsprechenden Finger deuten und beim Sprechen die verschiedenen Stimmungslagen ausdrücken

Wann sprechen meine Finger netter
von diesem schlechten Winterwetter,
Dumedott schimpft: «Wenn's regnet,
niemand mir begegnet!»
Lickepott haucht: «Wenn's draußen schneit,
ist's aus mit meiner Fröhlichkeit!»
Langelott brummt: «Wenn's hagelt,
bin ich wie vernagelt!»
Ringeling kreischt: «Wenn d'Sonne streikt,
mein Ring dann keinen Glanz mehr zeigt!»
Lüttjeding ruft: «Wenn's friert und kracht,
wart ich, bis die Sonne lacht,
schlüpf in meinen Anorak,
saus den Berg mit'm Schlitten 'nab!»

Raimund Pousset

Gemeinsam stark

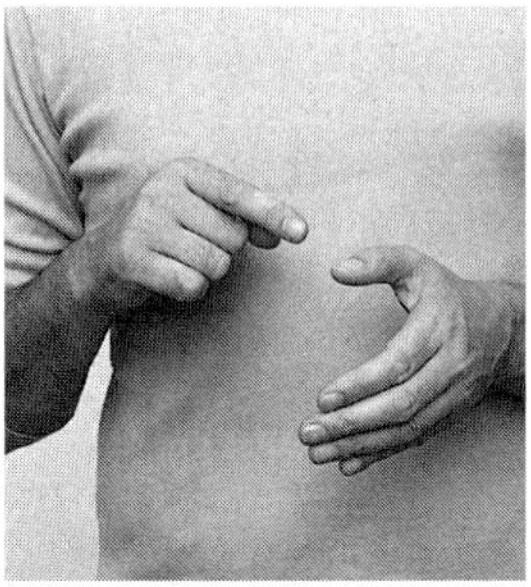

Das ist der Daumen,
ziemlich krank,

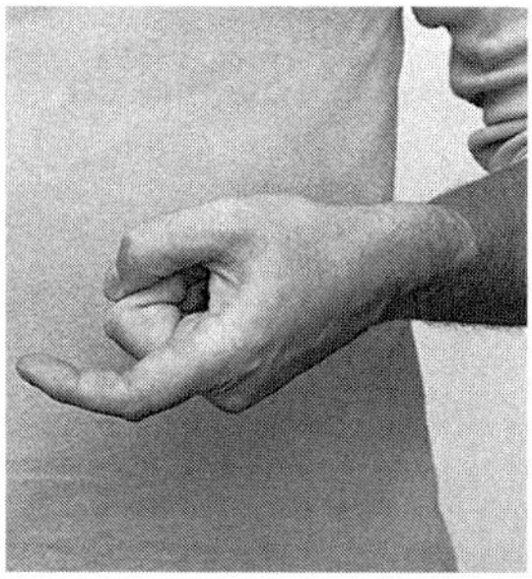

der nächste hier
nascht oft vom Schrank,

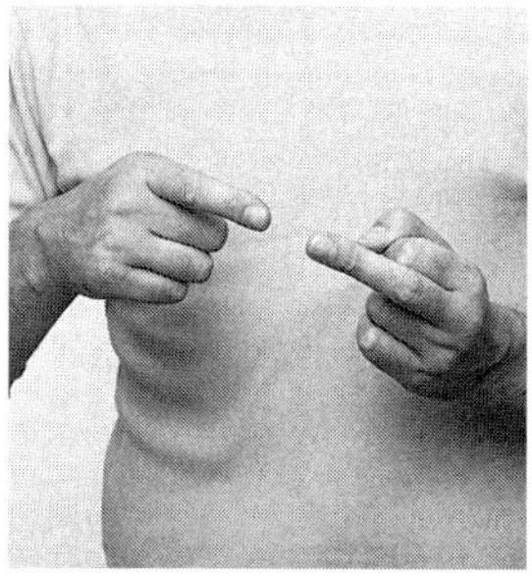

die Lange da
treibt gerne Sport,

ein Ring
steckt oft
an diesem
dort.

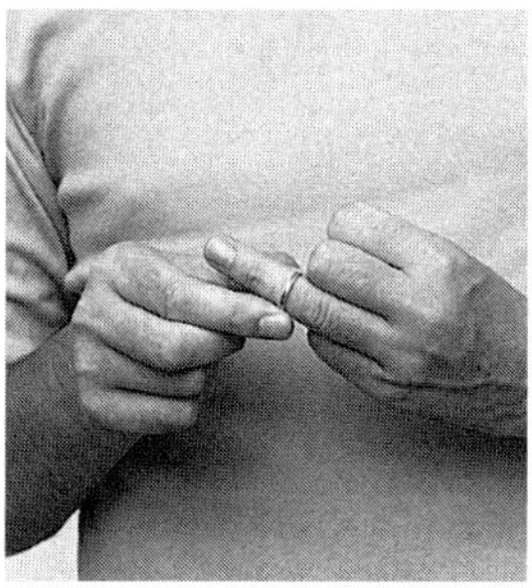

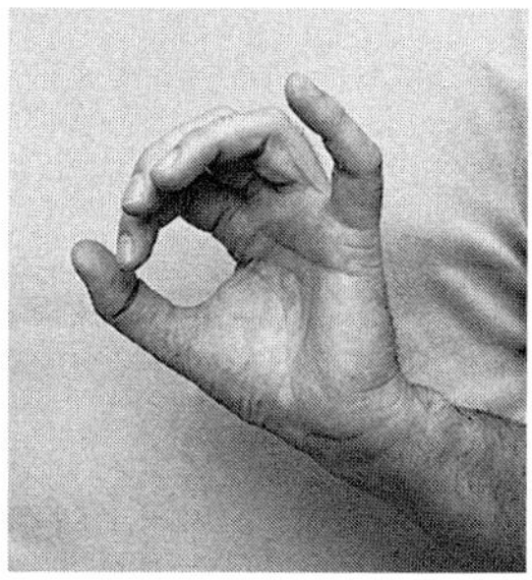

Die Kleine
ruft den
andern zu:

«Schließt euch zu
einer Faust im Nu,

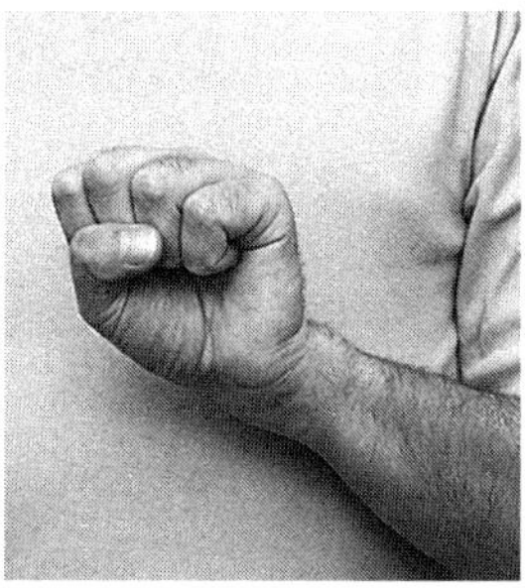

wir fünfe sind
gemeinsam stark!

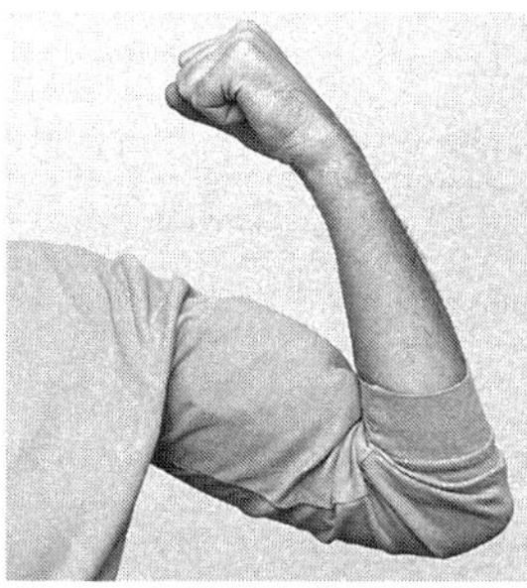

Dazu mehr Spaß,
das ist doch was!»

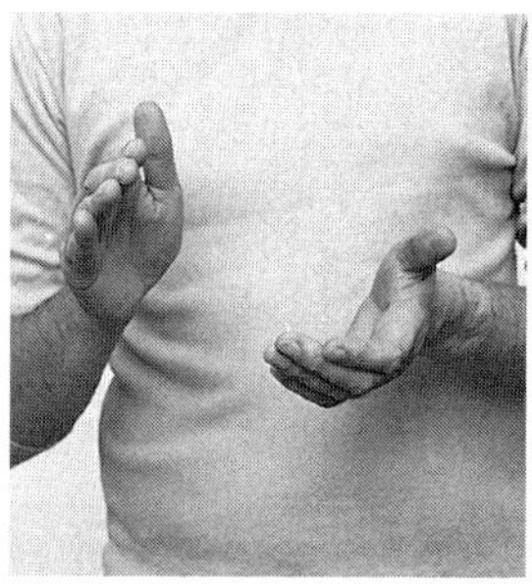

Mit den Fingern

Fünf Freunde im KaDeWe *

* *größtes Kaufhaus in West-Berlin, gegebenenfalls durch örtliches Kaufhaus ersetzen*
** *Tauentzien: Straße dortselbst*

Fünf Freunde wollten klauen ziehn
ins KaDeWe am Tauentzien.**

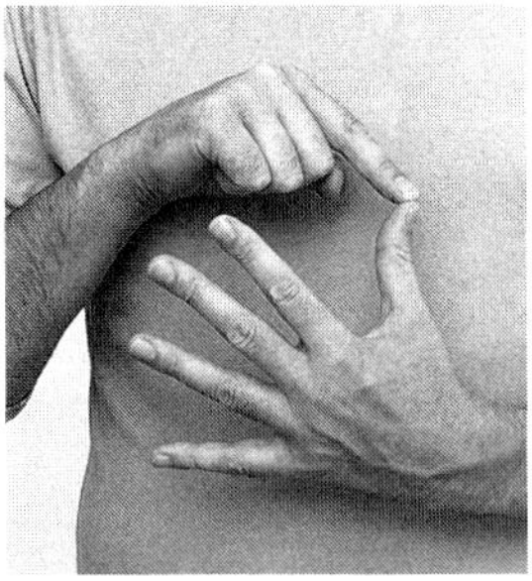

Der Dummkopf
hat sich's ausgedacht,

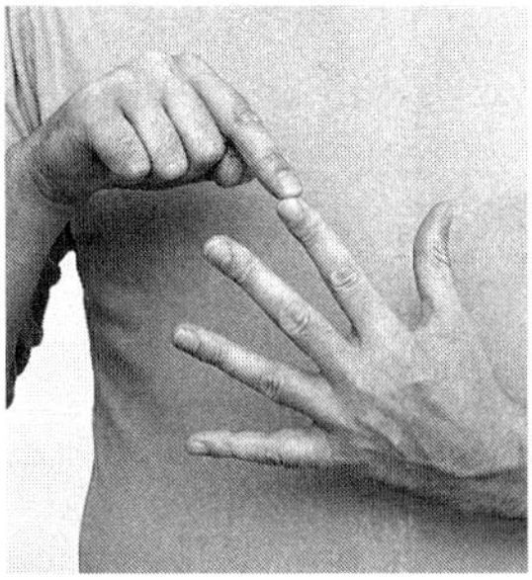

die Schussel dann
nicht nachgedacht.

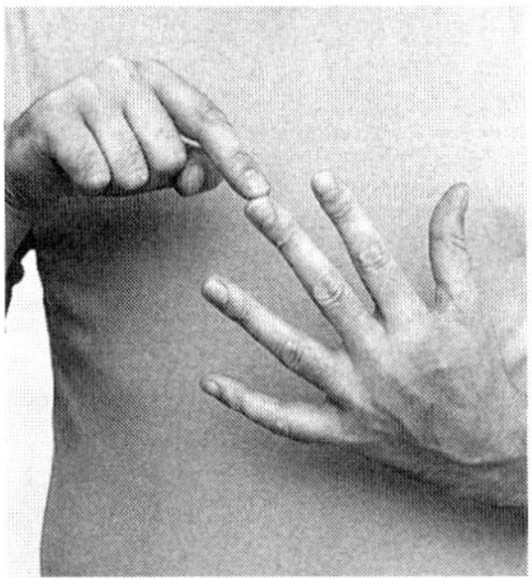

Der Funkturm wollte
Schmiere stehn

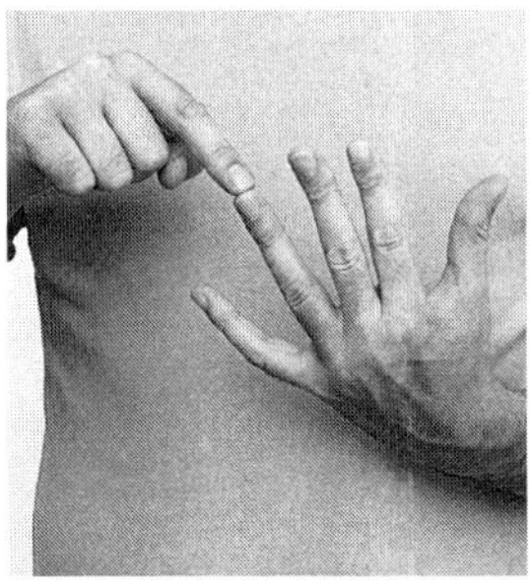

und Ringo zum
Verkäufer gehn.

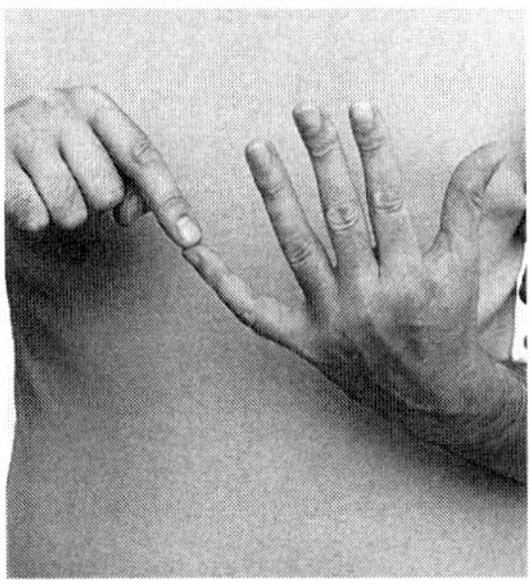

Den Griff sollt Picco tun
zuletzt,
schön hat der da die vier versetzt:
«Ich klau doch nicht, bloß weil ihr's wollt,
und troll mich jetzt, auch wenn ihr grollt!»

Hände hinter den Rücken

Raimund Pousset

Da droben auf dem Berge

Da droben auf dem Berge
da ist der Teufel los,
da zanken sich fünf Zwerge
um einen dicken Kloß.
Der erste will ihn haben
der zweite läßt ihn los,
der dritte fällt in'n Graben,
dem vierten platzt die Hos,
der fünfte schnappt den Kloß
und ißt ihn auf mit Soß!

überliefert

	Wildtiere	Hundemeute	Vogelschar
Daumen	Elefant	Dogge	Adler
Zeigefinger	Nashorn	Boxer	Habicht
Mittelfinger	Löwe	Pudel	Rabe
Ringfinger	Büffel	Dackel	Taube
kleiner Finger	Gepard	Pekinese	Spatz

auf die fünf Finger deuten, zum Abschluß der jeweiligen Reihe kann eine lautmalerische Darstellung erfolgen, also etwa: «knurr», «wedel», «piep», «gurr» usw.

Raimund Pousset

Die fünf Mondreiter

gespreizte Hand (rechts) Es reiten fünf Reiter unter dem Mond,
es wachsen die Schatten am Horizont.
Daumen Der erste jagt näher, ein dicker Späher,
Zeigefinger der zweite, ein Langer mit starker Kraft,

der dritte sich in die Mitte schafft,
der vierte ist dünn wie ein Gespenst,
der fünfte ist klein, doch sein Helm hell glänzt.
Es kommen fünf Kinder stürmisch gerannt,
sie woll'n sie vertreiben aus ihrem Land.
Das erste kommt näher, lacht hell und klar,
das zweite spricht ehrlich und wahr,
das dritte zeigt Mut in Gefahr,
das vierte nimmt, wem's schlechtgeht, gewahr,
das fünfte, zart streichelt's den vieren durchs Haar –
so haben fünf Kinder fünf Schatten gebannt!

Mittelfinger
Ringfinger
kleiner Finger
linke Hand spreizen, Daumen usw.

Raimund Pousset

Zehn kleine Zottelchen

Zehn kleine Zottelchen, die zottelten am Rhein,
das eine war zu faul zum Gehn, da waren's nur noch neun.
Neun kleine Zottelchen, die schliefen in der Nacht,
das neunte ward nie mehr gesehen, da waren's nur noch acht.
Acht kleine Zottelchen, die wurden oft vertrieben,
das achte hielt das nicht mehr aus, da waren's nur noch sieben.
Sieben kleine Zottelchen, die sangen unterwegs,
das siebte blieb im Opernhaus, da waren's nur noch sechs.
Sechs kleine Zottelchen, die trafen einen Pimpf,

Finger entsprechend der Zahl hochhalten

das sechste hat sich gleich verliebt, da waren's nur noch fünf.
Fünf kleine Zottelchen, die tranken zuviel Bier, das fünfte ist vom Stuhl gekippt, da waren's nur noch vier.
Vier kleine Zottelchen, die flogen nach Shanghai, das vierte wollte nicht mitkomm'n, da waren's nur noch drei.
Drei kleine Zottelchen empfing die Polizei, das dritte wurde festgenomm'n, da waren's nur noch zwei.
Zwei kleine Zottelchen, die zottelten zu zwein, das zweite schlief vor Müdigkeit, da war eins ganz allein.
Ein kleines Zottelchen, das schlich zur Polizei und hat das dritte nachts befreit, da waren's wieder zwei.
Alle kleinen Zottelchen, die woll'n sich wiedersehn,
zwei luden ein zu einem Fest, da waren's wieder zehn!

Raimund Pousset

Kleiner, duck dich niemals

Daumen, schweig nicht,
Zeiger, zeig dich,
Mittler, juck dich,
Goldner, ruck dich,
Kleiner, duck dich,
niemals duck dich.

Raimund Pousset

Beim Mühlenhaus zu Butzlabee

Ich ging einmal nach Butzlabee,
da kam ich an 'nen großen See,

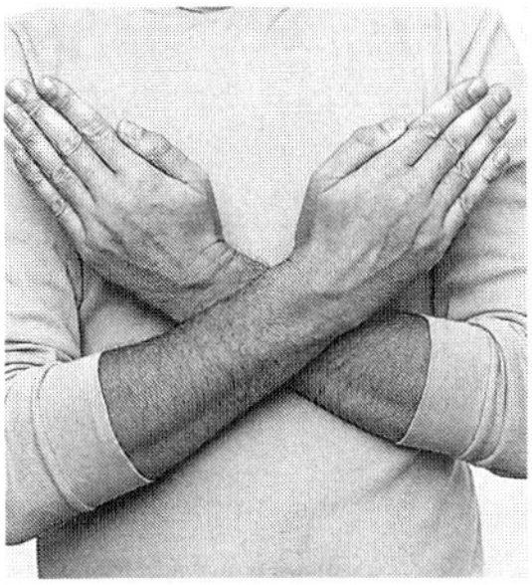

am Ufer stand
ein Mühlenhaus,

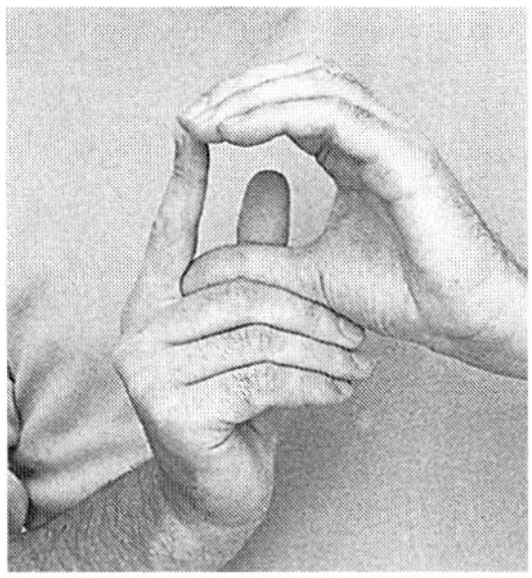

da schauten fünf Hexen
zum Fenster raus.

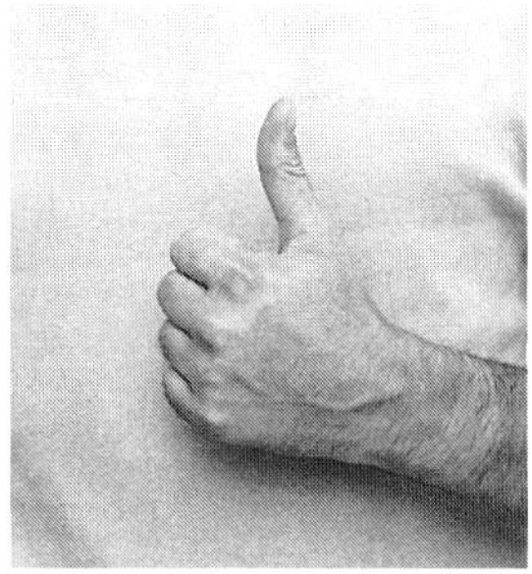

Die erste sprach:
Komm, iß mit mir!

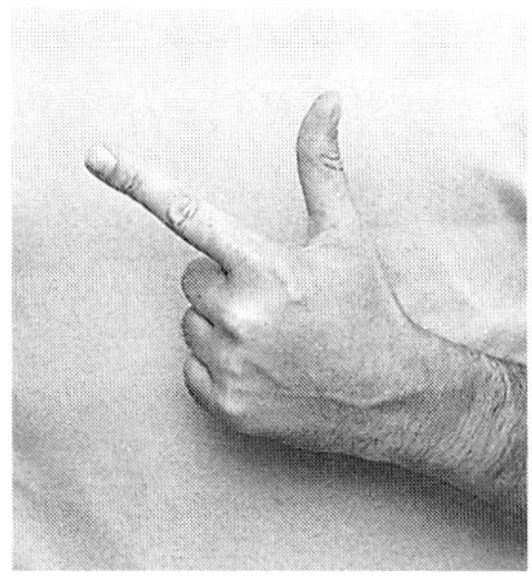

Die zweite rief: Komm, sprich mit mir!
Die dritte bat: Komm, spiel mit mir!
Die vierte haucht: Komm, tanz mit mir!
Die fünfte nahm den Mühlenstein
und warf ihn mir ans linke (rechte) Bein.
Da schrie ich laut: Ojemine,
ich komm nie mehr nach Butzlabee!

überliefert

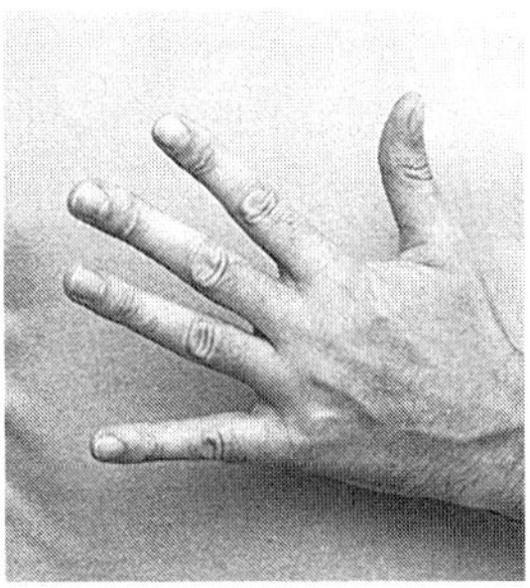

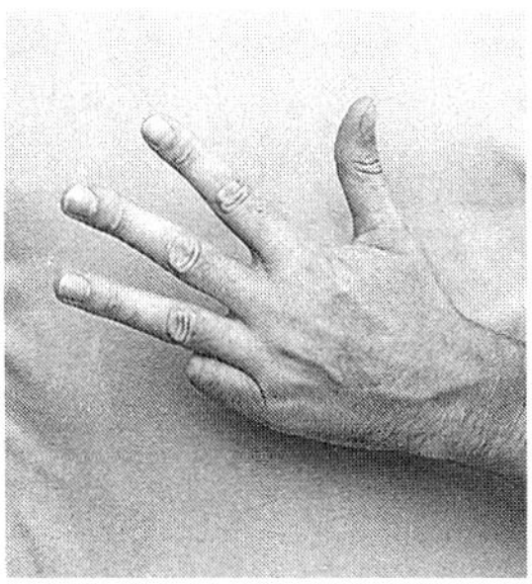

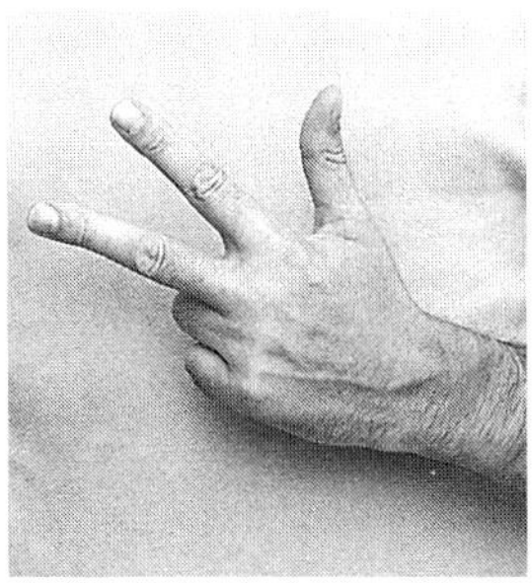

Krabbelmärchen

Markt

zu jedem Vers auf die Kinderhand patschen

Da hast 'nen Taler,
geh auf den Markt,
kauf dir 'ne Kuh
und ein Kälbchen dazu,

am kleinen Finger ziehen

das Kälbchen hat ein Schwänzchen,

in die Kinderhand krabbeln

dideldideldänzchen!

überliefert

Barfuß durch den Matsch

Pitsch, patsch, patsch,
barfuß durch den Matsch!

Man nimmt eine Kinderhand und patscht zum Sprachrhythmus hinein.

Der Matsch quatscht durch die Zehen,
das stört uns nicht, wir gehen
fröhlich durch den Matsch,
pitsch, patsch, patsch!

Raimund Pousset

Zupf Härchen!

am Kinn krabbeln

Kinne Wippchen,

über die Lippen streicheln

rote Lippchen,

die Nase leicht berühren / zupfen

Stuppelnäschen,

die Augenbrauen berühren / zupfen

Augenbräunchen

an den Haaren zupfen

zupf, zupf, zupf mein Härchen!

überliefert

Da läuft ein Weglein

Da läuft ein Weglein, da geht ein Steglein,
da hüpft ein Vöglein, da spring ein Häslein,
da wächst ein Gräslein, da steht ein Gläslein.
überliefert

erst die Falten der Hand nachzeichnen und dann die Finger des Kindes antippen oder leicht daran ziehen

Der Floh

am Handgelenk krabbeln und langsam den Arm rauf usw.

Kommt eine Maus,
die baut ein Haus,
kommt eine Mücke,
die baut 'ne Brücke,

plötzlich auf die Nase springen und kitzeln

kommt ein Floh,
der macht so –!

überliefert

In unserm Häuschen

Alle zehn Finger laufen «aufgeregt» über die Tischplatte, evtl. auch über einen Kinderarm, und bei «husch» verschwinden die Hände hinter dem Rücken. Dann das Ganze von vorn.

In unserm Häuschen
sind schrecklich viele Mäuschen,
sie trippeln und trappeln,
sie zippeln und zappeln,
sie stehlen und naschen,
und will man sie haschen –
husch, sind sie weg!

Hofmann v. Fallersleben

Wo ist deine Nase?

Ein altes Spiel mit kleinen Kindern! Man ergreift sacht mit dem gekrümmten Zeige- und Mittelfinger die Nase des Kindes und führt eine Drehbewegung aus. Dann steckt man rasch den Daumen zwischen die beiden Finger und zeigt den Daumen dem Kind so, daß es den Fingernagel nicht sieht. Dabei fragt man: «Wo ist deine Nase?» Falls sich Tränen anmelden, muß die «Nase» schnell wieder «angeklebt» werden.

überliefert

Wo wohnt Mutter Töpperken?

Wo wohnt Mutter Töpperken?
Eine Treppe höher!
Wohnt hier Mutter Töpperken?
Eine Treppe höher!
(usw.)
Wohnt hier Mutter Töpperken?
Ja, hier wohnt Mutter Töpperken!
Soll ich klingeln oder klopfen?
Kind: Klingeln / Klopfen

überliefert

mit den Fingern langsam den Arm «raufmarschieren», das Kind kann evtl. schon antworten

das Kind entscheidet sich, dann entsprechend am Ohrläppchen zupfen oder am Kopf klopfen

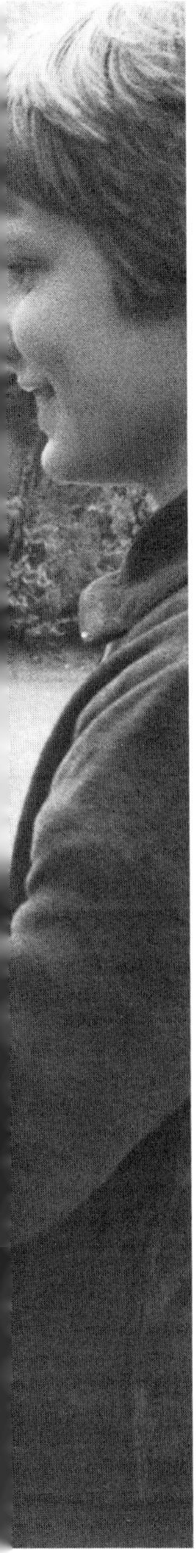

Kapitel 2 Mit den Händen

Handmärchen

Schau, was meine Finger können

Schau, was meine Finger können!
Meine Finger sind ein Hund.
Meine Finger können schnipsen.
Meine Finger sind eine Schere.
Meine Finger können sich
verwurschteln.
Meine Finger sind ein Flugzeug.
Meine Finger können ganz still sein.
Meine Finger sind eine Hand ...
usw.

Raimund Pousset

Das lebhafte Baby

Für dieses Fingerspiel wird der Mittelfinger mit einem Gesicht bemalt.

Wie lebhaft dort das Baby kräht,
es saugt und zappelt, lacht und quäkt,
kann stundenlang alleine brabbeln,
und plötzlich fängt es an zu krabbeln!
Bald richtet es sich langsam auf,
tapst einen Schritt, fällt auf den Bauch,
noch ein Versuch, der Schritt gelingt,
das Baby müd ins Kissen sinkt,
schläft froh in seinem Bette auch
und träumt vom warmen Mutterbauch.

Raimund Pousset

Das schiefe Häuschen

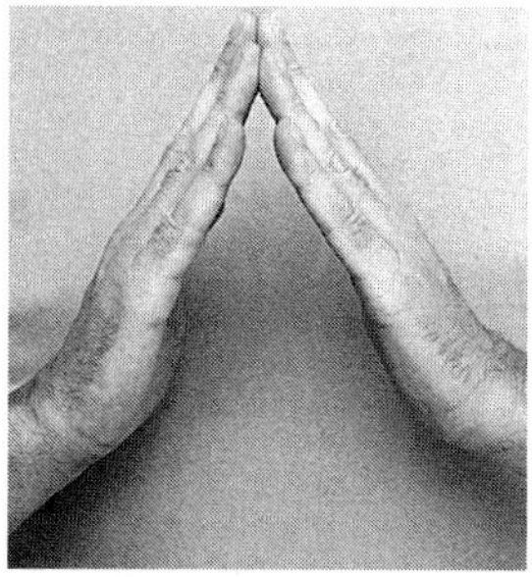 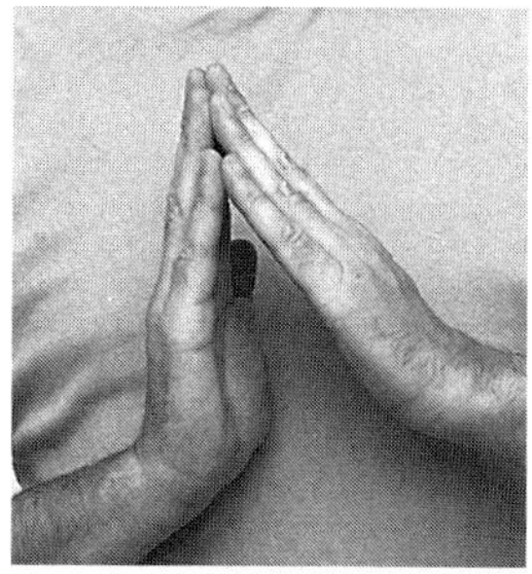

Mein Häuschen ist nicht gerade,
das find ich gar nicht schade!
Mein schiefes Häuschen ist doch schön, — *das Haus anerkennend anschauen*

du mußt es nur genau besehn! — *das Haus vor das Kind halten*

Hui, bläst da der Sturm hinein, — *kräftig ins Haus blasen*
bautz, schon kracht mein Häuschen ein! — *Hände flach auf den Tisch*

Fünf Freunde ham sich rangetraut — *eine Hand hochhalten, Finger spreizen*

und fest das Häuschen aufgebaut. — *Hände übereinander schichten / Mauerbau*

Jetzt kann der Sturm noch lange wehn, — *wieder ins neue Haus blasen, ganz leicht wackeln*
mein schiefes Haus bleibt trotzdem stehn!

Raimund Pousset

Pumpen

Zwei Mädchen wollten Wasser holen,

Hände kreuzen, kleine Finger und Ringfinger verhaken

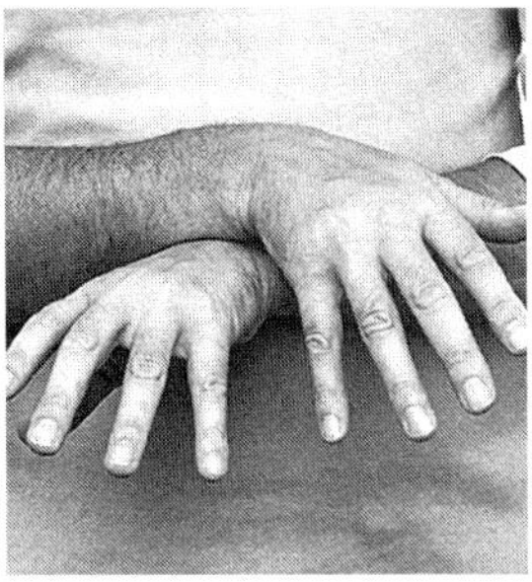

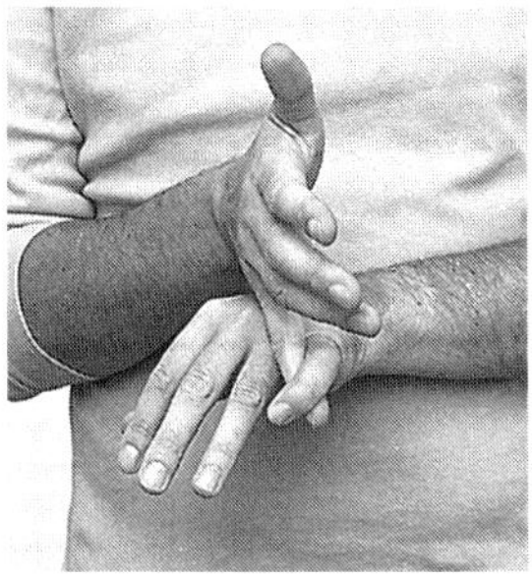

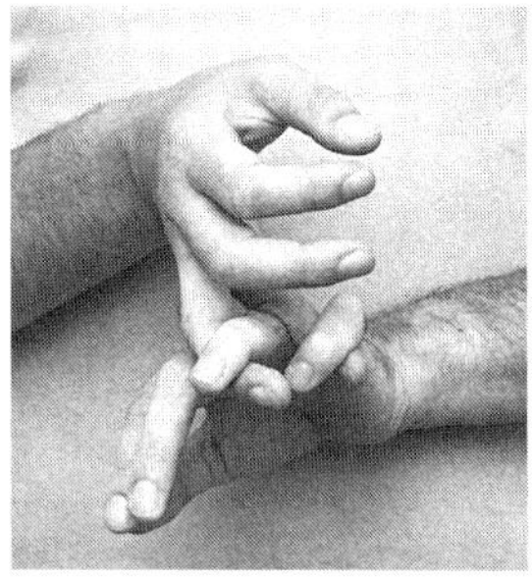

zwei Buben wollten pumpen,

weiter Zeige- und Mittelfinger verhaken

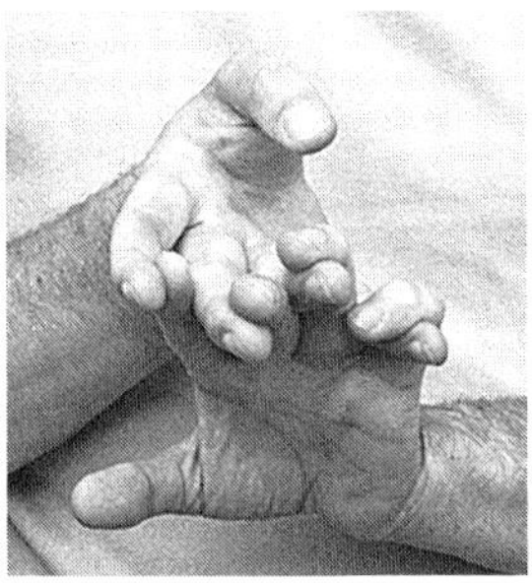

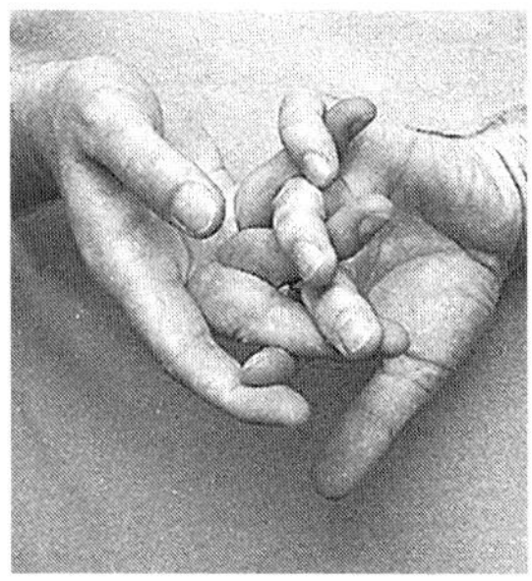

da guckt ein Herr zum Fenster raus

Hände zum Körper verdrehen, Daumen nach vorn

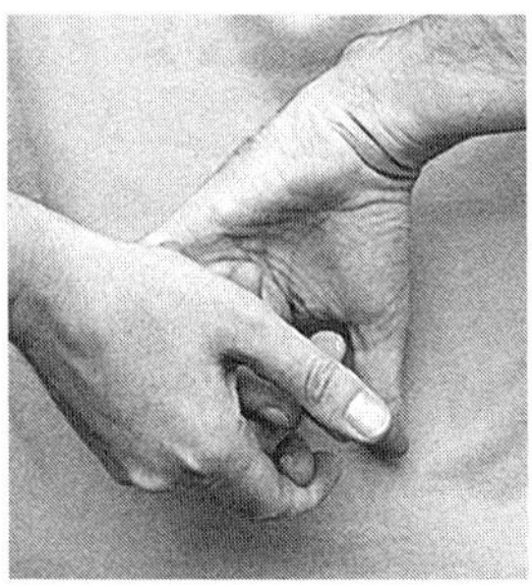

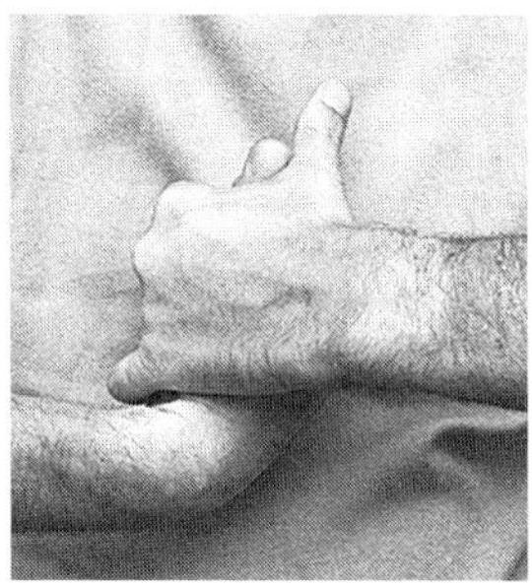

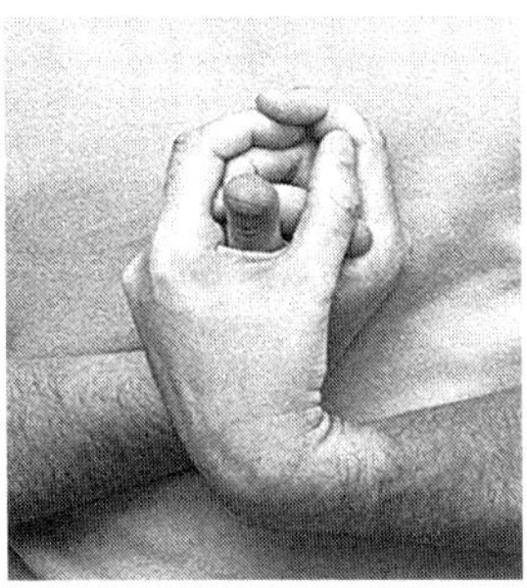

und sagt:

«Guten Tag, ihr Lumpen!»

mit dem Daumen wackeln

überliefert

Kasperletheater

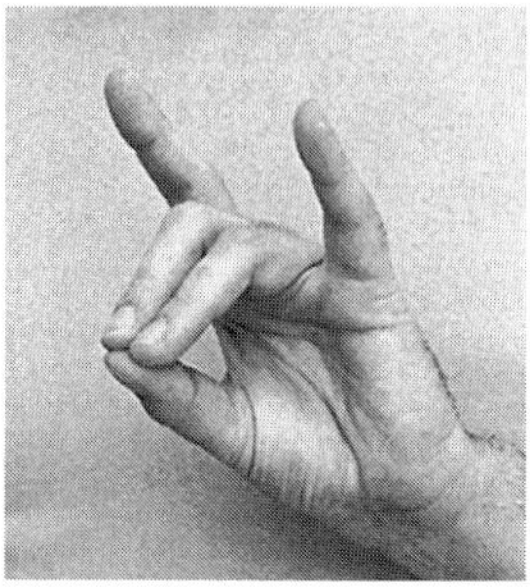

Ich bin der Kasper! Hallo, meine Damen und Herren, *wackeln* habt ihr alle den Kasper gern?
auf Antwort von Kindern warten

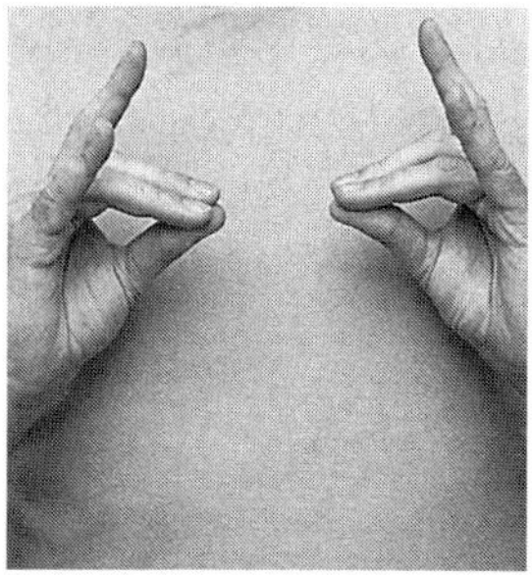

Da hol ich mir den Seppel gleich,
zweiter «Hase» kommt

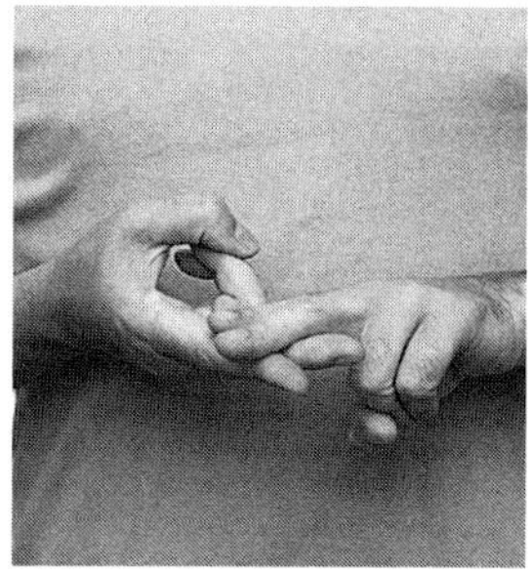

wir machen oft manch lust'gen Streich.
beide zappeln
Wir schlagen uns,

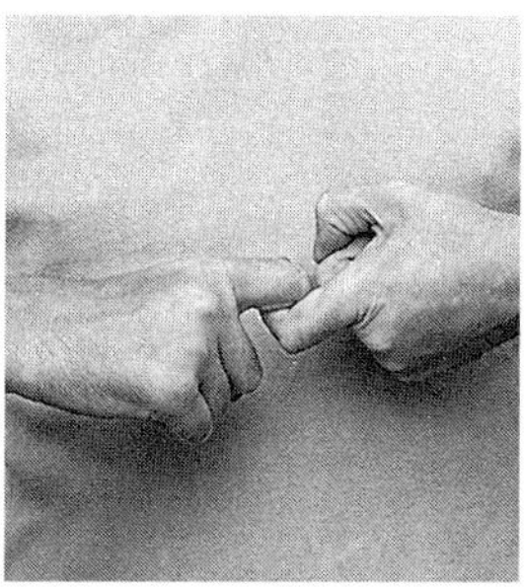

vertragen uns.

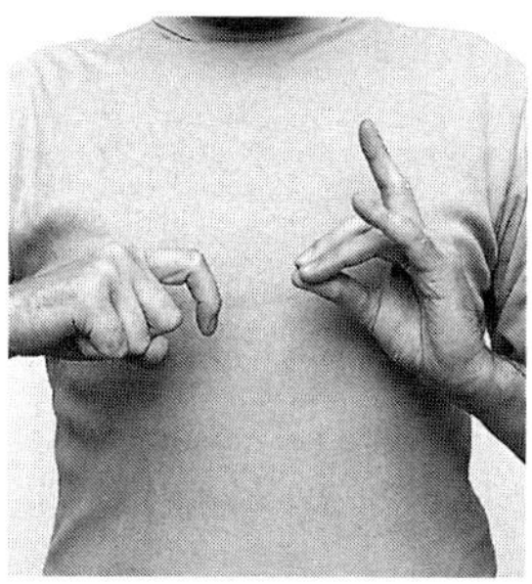

Da kommt die Hexe Huckebein,

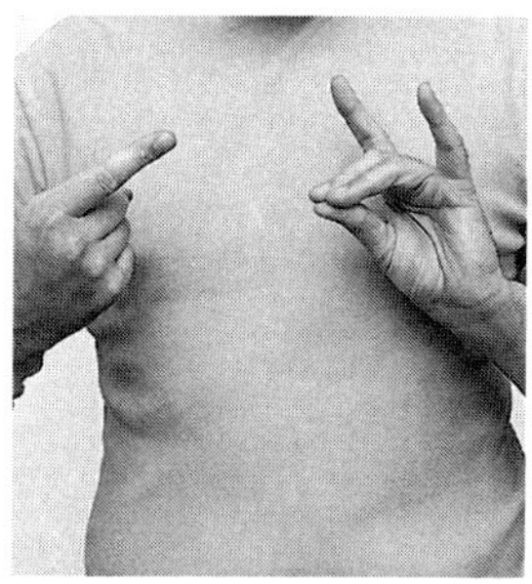

sagt: Jetzt sollst du verzaubert sein!
Hexe droht

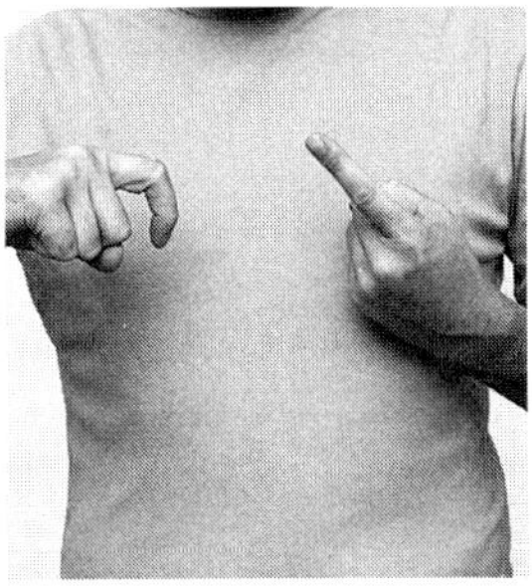

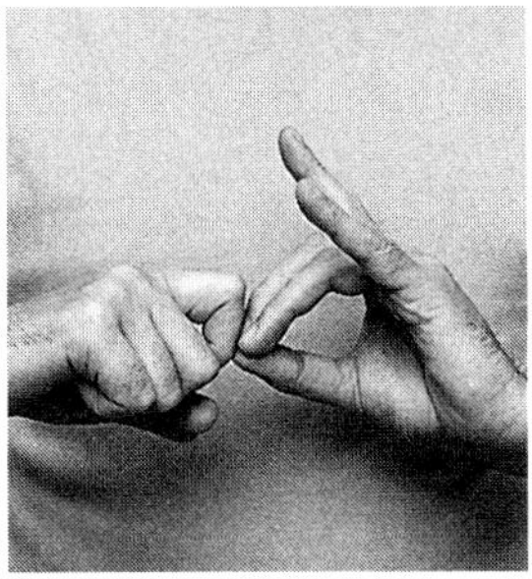

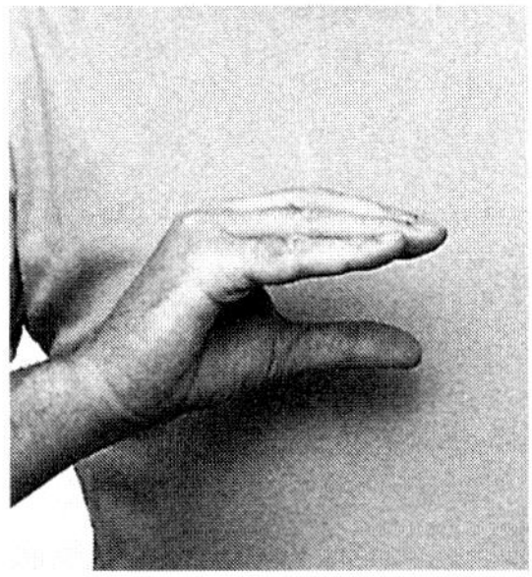

Nein, Hexe, nein,
da wird nichts draus,
Kasper droht zurück

schnell ab mit dir
ins Hexenhaus!
Kasper stößt die Hexe

Da kommt ein großes
Krokodil

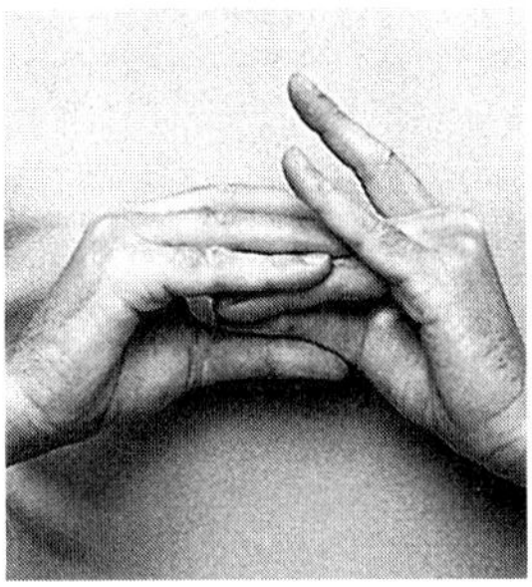

mit seinem Maul, das frißt ganz viel.
Das hat sich leis ins Gras geduckt
flüstern, Hand still
und hat den Kasper halb verschluckt!

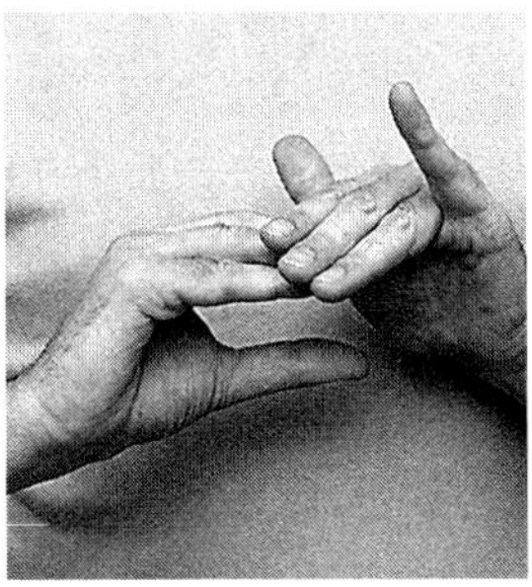

Der ruckt und zuckt,
und, ei der Daus, *schütteln*
er zappelt wirklich
wieder raus!
Kasper kommt frei
Jetzt geht es schlecht
dem Krokodil,
Kasper haut das Krokodil

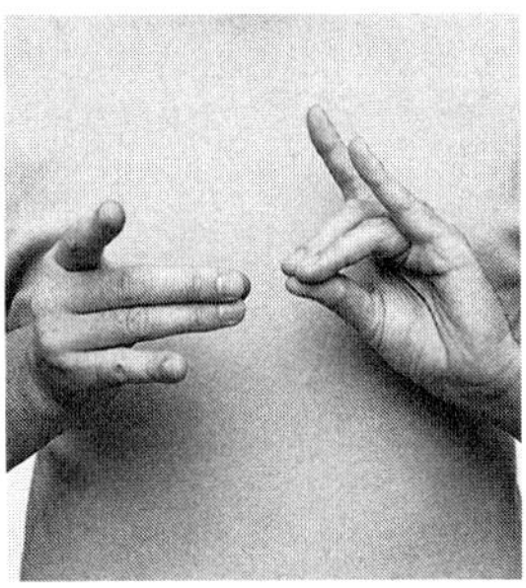

es rennt so schnell es kann zum Nil. *Krokodil ab*
Erleichtert bleibt der Kasper stehn,
um dann zur Gretel heimzugehn. *Kasper läuft weg*
Kommt alle mit zur Gretel heim, laßt uns
gemeinsam lustig sein! *zwei «Hasen» tanzen*

überliefert

Gewitter

Den Vortrag mit beiden Händen begleiten

mit zwei Fingern jeder Hand leise auf den Tisch trommeln
Es tröpfelt,

mit vier Fingern
es regnet,
lauter
es gießt,
mit den Knöcheln der Finger steigernd
es hagelt,
Zischgeräusch und Blitz mit Händen in die Luft malen
es blitzt,

mit den Fäusten trommeln, klatschen
es donnert.
Hände auf den Rücken
Alle laufen schnell nach Hause,
großen Kreis mit den Händen beschreiben
und morgen scheint die warme Sonne
wieder!

überliefert

Katz und Maus

Bewegungen wie im Text angegeben.

Komm, wir spielen Katz und Maus!
Rechte (linke) Faust: das ist das Haus,
linke (rechte) Hand: das ist die Katze.
Mieze schleicht mit weicher Tatze
um das sichre Haus der Maus,
die lacht hier und hier* zum Fenster raus.
Ach, da jagt mit manchem Satze
unsre flinke (große) Miezekatze
hinterm schlauen (kleinen) Mäuschen her.
Mieze maunzt: «Ich kann nicht mehr!»

** Bei «hier und hier» den Daumen jeweils zwischen unterschiedlichen Fingern durchschieben. Das Kind kann auch raten, wo die «Maus» wohl rauskommen wird.*

Nur zum Raten kann auch folgende kurze Form benutzt werden:

Hier in meinem Haus
wohnt eine graue Maus,
rat, wo kommt sie raus?

Raimund Pousset

Die Tauben

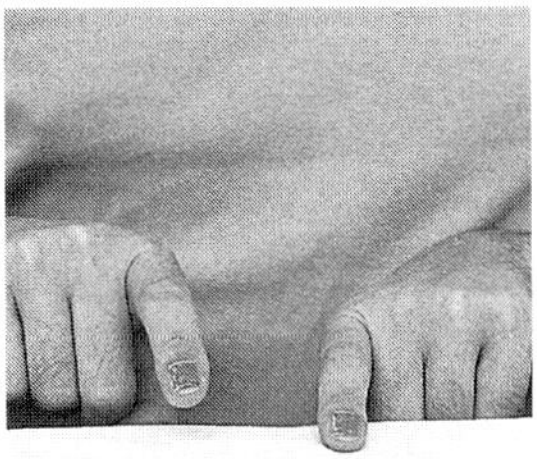

Es saßen zwei Tauben
auf einem Dach.
Da kam ein Jäger
und schoß danach.
Die eine flog weg,

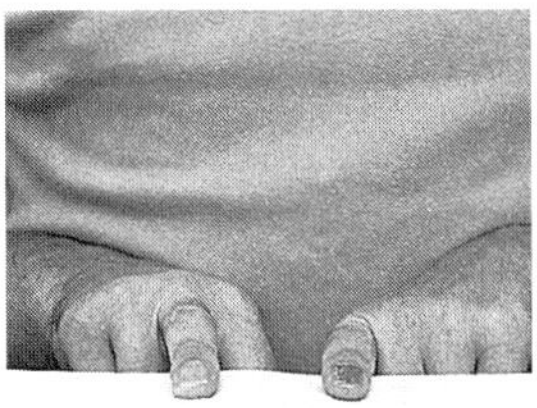

die andere flog weg.

Die eine kam wieder,
die andere kam wieder.
Da sitzen alle beide
wieder.

Friedrich Fröbel

Papierstücke mit Spucke auf Zeigefingernägel kleben
mit den Zeigefingern auf die Tischkante trommeln
den ersten Zeigefinger schnell hinter den Kopf ziehen, dabei abwinkeln und Mittelfinger einsetzen
dann mit dem Mittelfinger trommeln / das gleiche mit dem zweiten Zeigefinger machen
Den Vorgang umgekehrt wiederholen, bis beide Tauben wieder da sind

Der Bagger

Ein Bagger gräbt im großen Bogen
die Erde aus dem schweren Boden.
Bald baut man dort ein hohes Haus,
ganz oben wohnt der kleine Klaus,
darf selten nur zum Spielen raus,
muß still allein im Zimmer spielen,
weil sonst die Nachbarn böse schielen.

Raimund Pousset

mit dem Arm weit ausholen
dem Kind in den Schoß legen
aufstehen, Hände hochhalten
mit dem kleinen Finger spielen

fürchterlich schielen

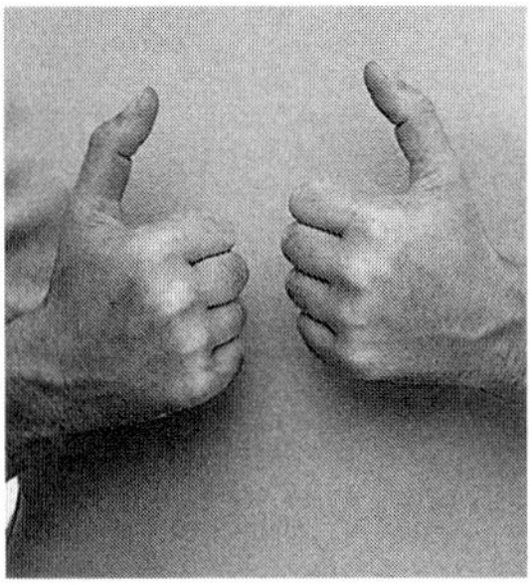

Himpelchen und Pimpelchen

Himpelchen und Pimpelchen,
beide Fäuste recken den Daumen nach oben

Nach-oben-Gehen andeuten	die gingen auf einen Berg.
mit dem linken Daumen wackeln, kurz	Himpelchen war ein Heinzelmann,
mit dem rechten Daumen wackeln, kurz	und Pimpelchen war ein Zwerg.
	Sie blieben lange da oben sitzen
Fäuste auf den Tisch	und wackelten mit den Zipfelmützen.
heftig mit den Daumen wackeln	Doch nach fünfundsiebzig Wochen
Daumen still	sind sie in den Berg gekrochen,
Daumen in die Fäuste	schlafen dort in guter Ruh.
	Sei mal still und horch gut zu!
fürchterlich schnarchen	ch ch ch ch ch ch ...

Marie Engelmann-Herz

Schnurre, Katze

das Kind schnurrt	Schnurre, Katze!
das Kind mit der «Pfote» streicheln	Leise Tatze,
dann leicht kratzen	kratze, kratze,
	kleine Katze.
	Mit der Schnauze
das Kind miaut	miautse.

überliefert

Rückkehr der Vögel

Wenn die
Pflanzen
gerade
grün,

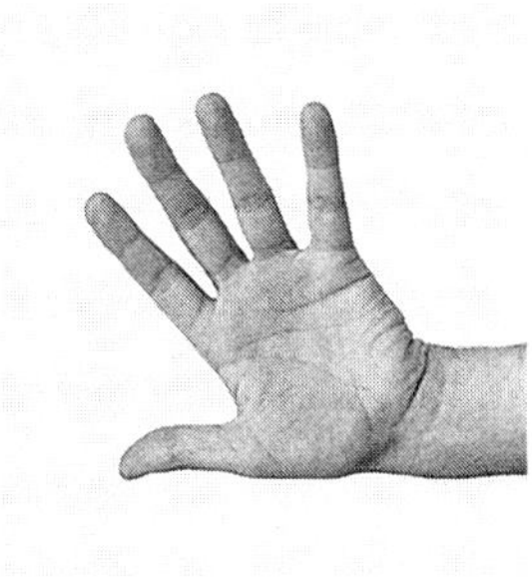

wenn
die ersten
Blüten
blühn,

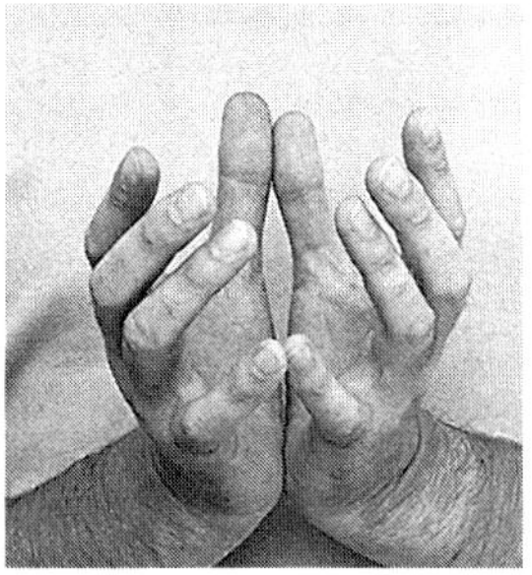

kommen
über Land
und Meer

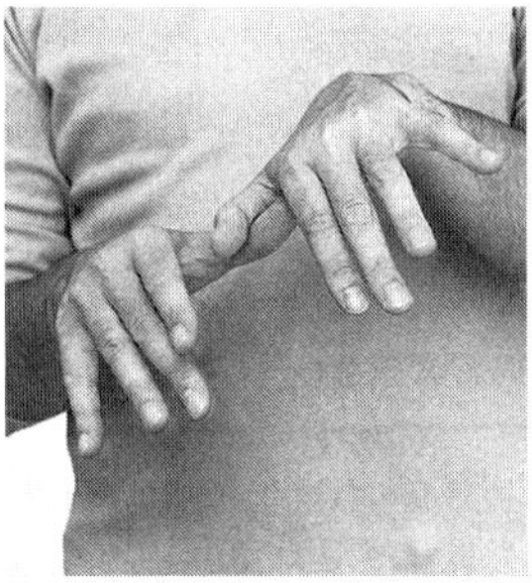

viele Vögel
wieder
her.

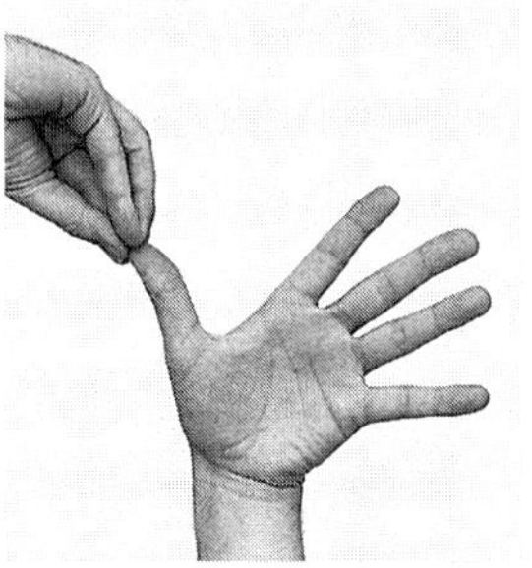

Storch und Wildgans, der Pirol,
jeder weiß, wohin er soll.
Storch, bleib doch an unserm Ort
und flieg nie mehr wieder fort.
Kinder freun sich laut: «Hurra!
Endlich ist der Frühling da!»

Raimund Pousset

Der Wetterhahn

Arm aufstützen,
Hände bilden einen Kelch
Hand drehen

Wie hat sich sonst so schön der Hahn
auf unsrem Turm gedreht
und damit jedem kundgetan,
woher der Wind geweht.
Doch seit dem letzten Sturme hat

langsam drehen
Hand schräg stellen

er keinen rechten Lauf,
er hängt so schief, er ist so matt
und keiner schaut mehr drauf.

am Finger lecken
hochhalten

Jetzt leckt man an dem Finger halt
und hält ihn hoch geschwind,
die Seite, wo der Finger kalt,
von daher weht der Wind.

Wilhelm Busch

Das Krokodil

Hände zum Maul
zusammenlegen,
Bewegungen ergeben sich
aus dem Text

Ein Krokodil
mit großem Maul
lebt dort am Nil.
Liegt lange faul
im schönsten Traum
so reglos wie
ein toter Baum.
Jetzt schnappt's nach dir,
reiß aus, lauf weg!
Dann fängt's dich nie,
das Kroko-Tier!

Raimund Pousset

Es ritt ein Herr

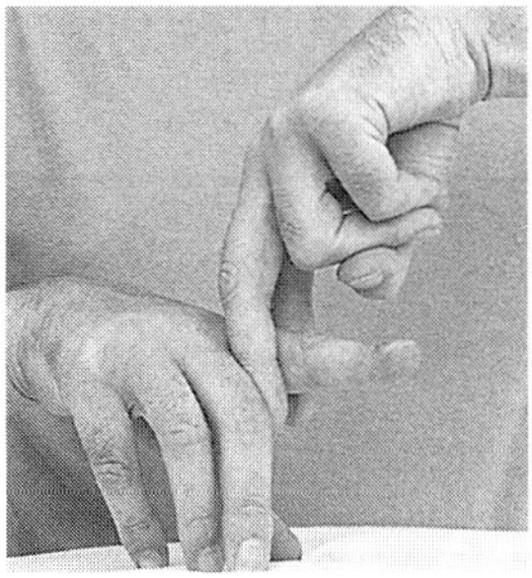

Es ritt ein Herr
zum Schlößchen
auf einem schwarzen
Rößchen.

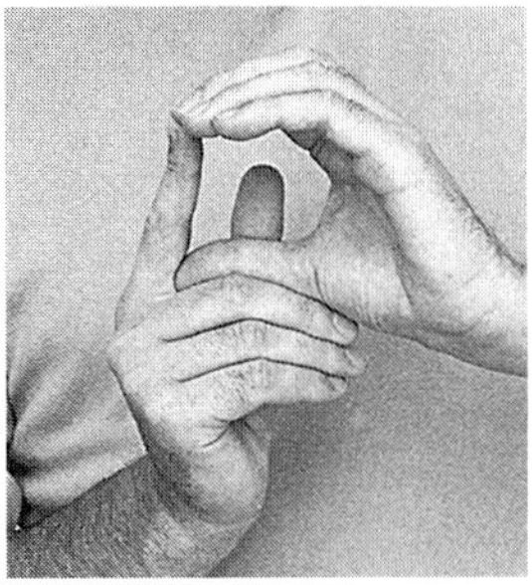

Die Schloßfrau rief zum
Fenster raus:
«Mein Mann ist leider
nicht zu Haus!»

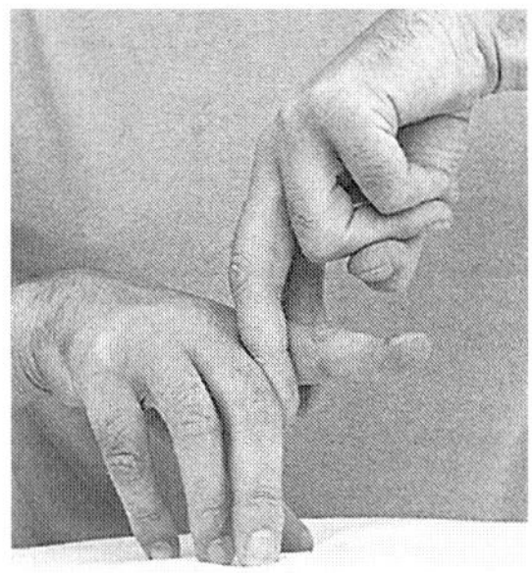

«Ei», sprach der Herr
vom Rößchen
zur schönen Frau
im Schlößchen,
«warum bleibt Ihr allein zu Haus?
Kommt, reiten wir zusammen aus!»

überliefert

Zucker und Kaffee

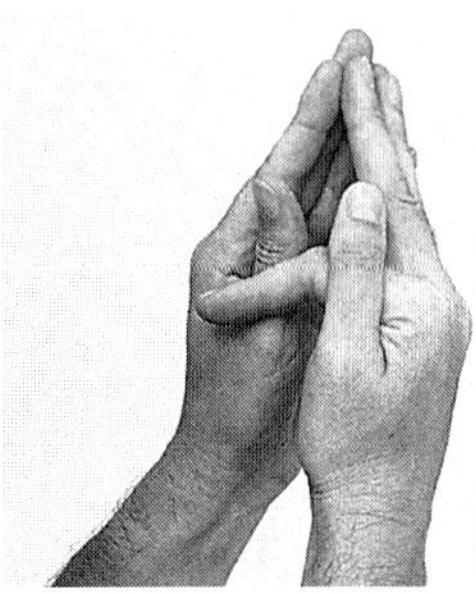

Ein Haus aus beiden Händen ist der Laden, ein Zeigefinger die Theke. Ein Daumen ist die Kundschaft, der andere der Verkäufer

A: Hallo, hallo, was wollen Sie?
B: Zucker und Kaffee.
A: Da haben Sie's, da haben Sie's.
B: Adje, adje, adje.
A: So warten S' doch, so warten S' doch,
Sie kriegen noch was raus!
B: Behalten Sie's, behalten Sie's,
wir müssen jetzt nach Haus.

überliefert

Das Vogelnest in der Hecke

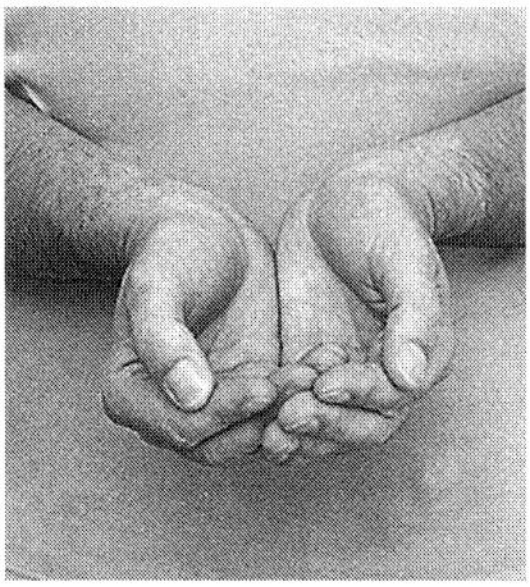

In der Hecke auf 'nem Ast
baut ein Vogelpaar sein Nest,

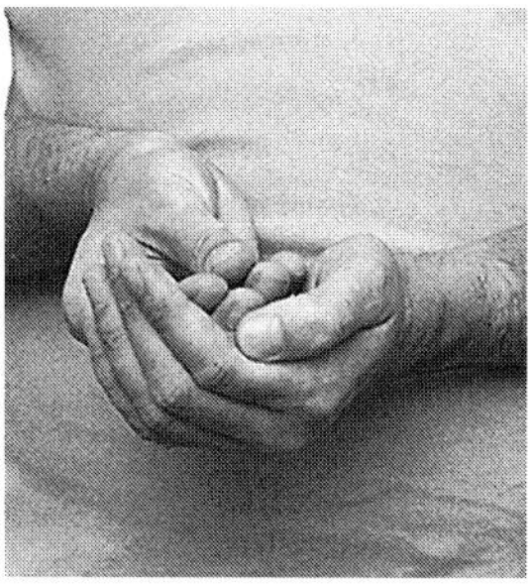

legt hinein fünf Eier rund,
beide brüten Stund um Stund,

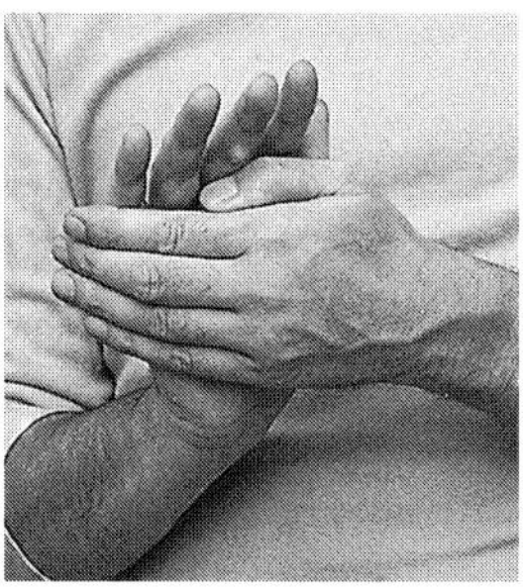

schlüpfen bald fünf Junge aus,
piepsen gleich zum Nest hinaus:
«Piep-piep-piep, piep-piep,
piep-piep,
ach, ihr Alten seid uns lieb!»

nach Friedrich Fröbel

Pumpel, Rumpel und Humpel

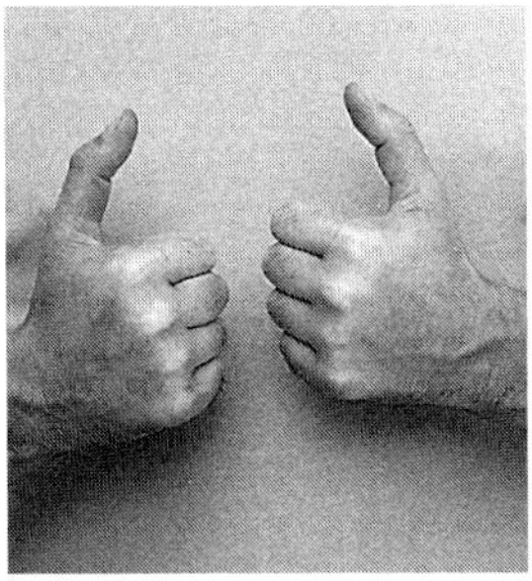

Zu Köln in vielen Häusern nächtlich
Fäuste, Daumen hoch
die Heinzelmännchen putzen prächtig.
Daumen bewegen
Nur Pumpel rührt sich nicht vom Fleck,
er kehrt für Menschen keinen Dreck.
einen Daumen stillhalten

In Höhlen vor den sieben Bergen
sich Stilzchen-Wichtel still verbergen.
Daumen in Fäuste

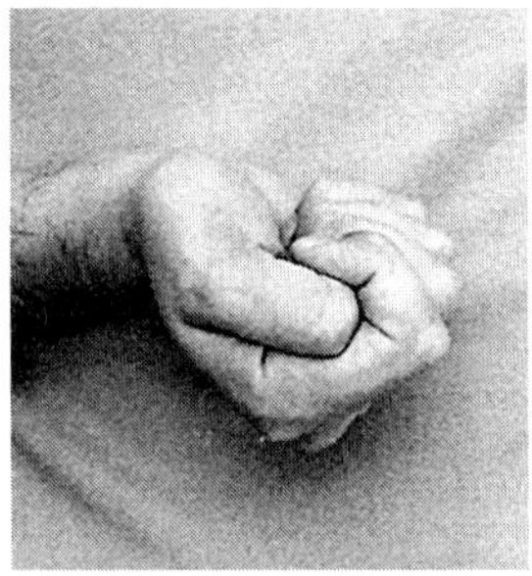

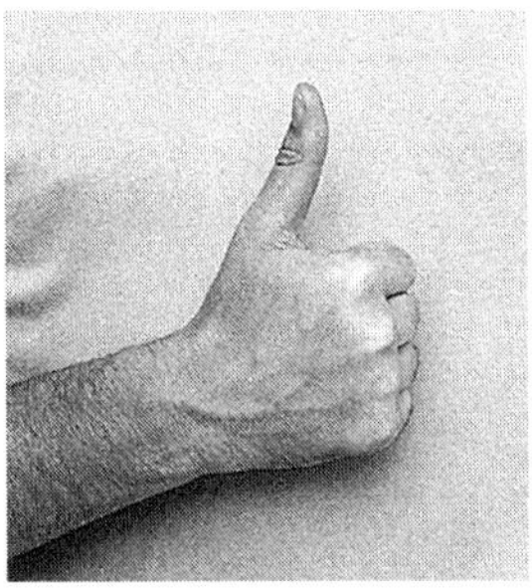

Bloß Rumpel mit
dem Stilzchenhut
ein Daumen kommt
raus, wackeln
stampft in den Boden sich vor Wut.
auf den Tisch hauen

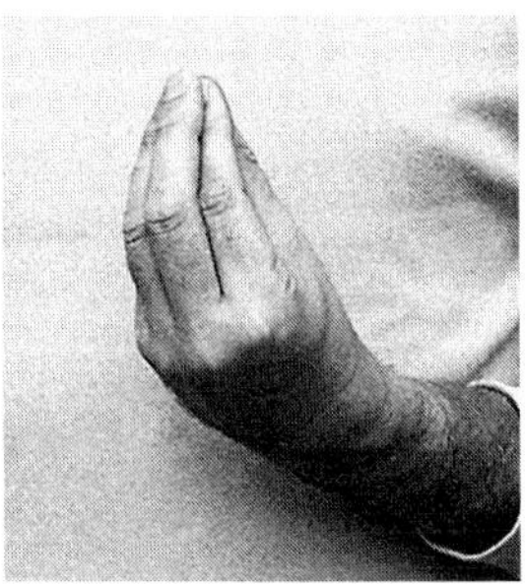

Im Waldhaus hinter sieben Bergen
mit den Händen ein Dach bilden
Schneewittchen lebt bei sieben Zwergen.
Denn Humpel ist ein Heinzelmann,
Zipfelmütze andeuten
der ganz besonders küssen (kitzeln) kann.
Raimund Pousset

Der Omnibus

Alle Finger ineinander verschränken und nach unten hängen lassen, bei «besetzt» schnell nach oben drehen.

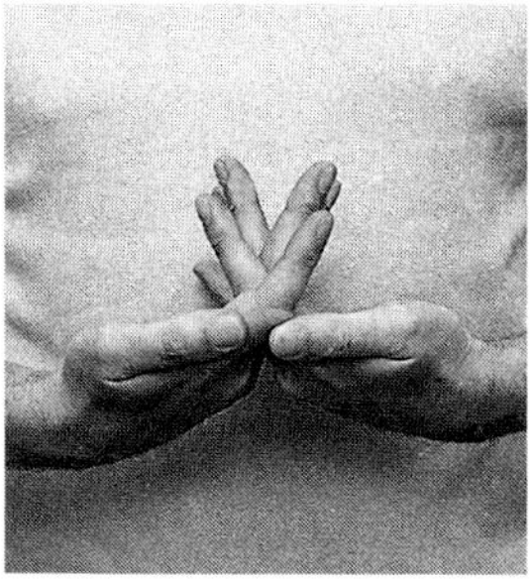

«Herr Schaffner, halt, ich will noch mit,
hab mich so abgehetzt!»
«Bedaure sehr, mein liebes Kind,
ist alles schon besetzt!»

überliefert

Erst kommt der Sonnenkäferpapa

Finger der rechten Hand auf dem Tisch «spazierengehen» lassen oder damit am Arm eines Kindes hinaufkrabbeln. Daumen und Zeigefinger der rechten Hand sind «Sonnenkäferpapa und Sonnenkäfermama» bzw. umgekehrt. Die Finger der linken Hand sollen die «Sonnenkäferkinderlein» sein.

Erst kommt der Sonnenkäferpapa,
dann kommt die Sonnenkäfermama.
Und hinterdrein, ganz klitzeklein,
die Sonnenkäferkinderlein.
Sie haben rote Röckchen an
mit kleinen schwarzen Pünktchen dran.
Erst kommt der Sonnenkäferpapa,
dann kommt die Sonnenkäfermama!
Und hinterdrein, ganz klitzeklein,
die Sonnenkäferkinderlein.
So machen sie den Sonntagsgang
auf unsrer Gartenbank entlang.

überliefert

Kletterbüblein / -mädchen

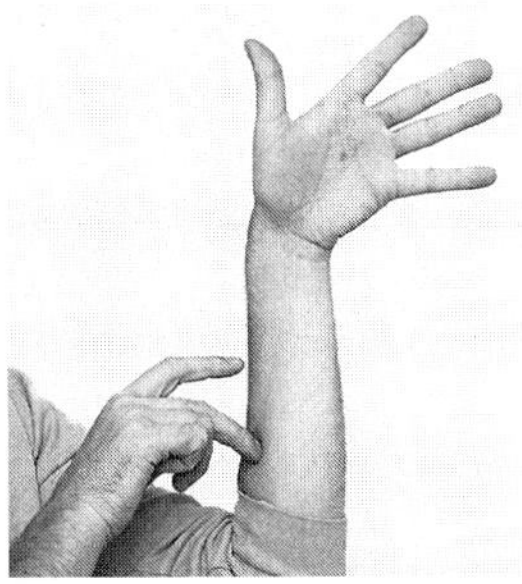

Steigt ein Büblein
(Mädchen)
auf den Baum,

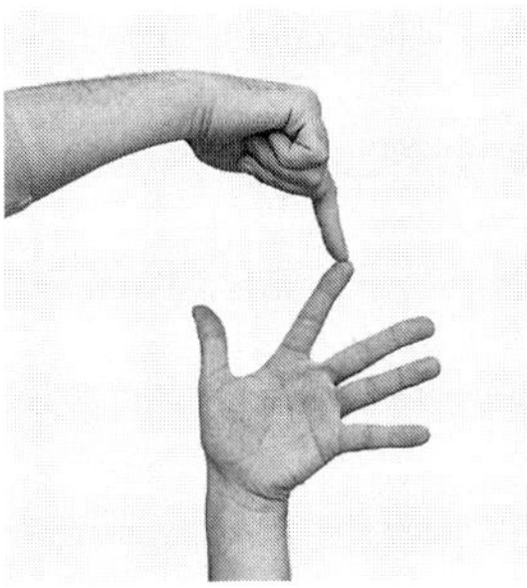

hoch, so hoch,
man sieht es kaum,

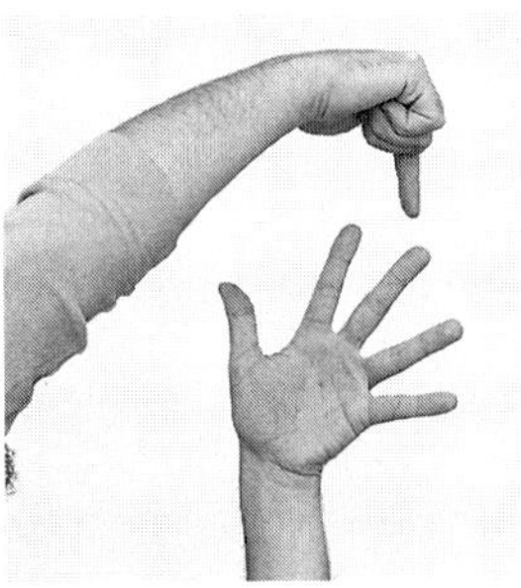

hüpft von Ast
zu Ästchen,

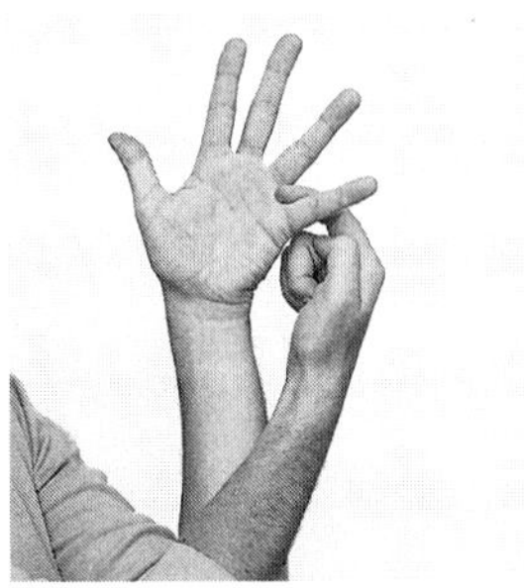

guckt ins
Vogelnestchen.

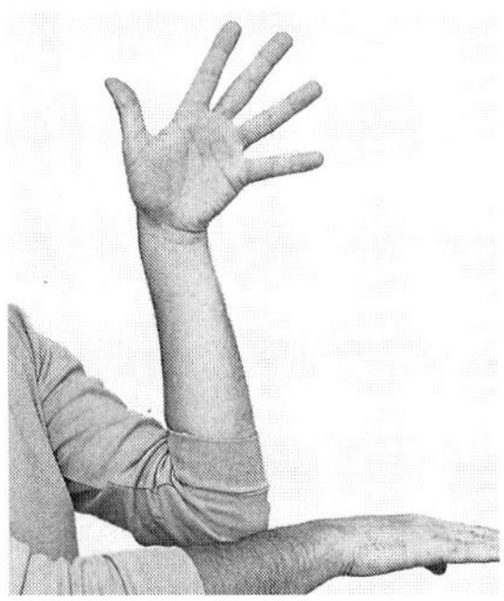

Ui, da kracht es!
Hei, da lacht es!
Plumps,
da liegt es unten!

nach Friedrich W. Güll

Der linke Unterarm ist der Baum, die Finger sind die Zweige, das Vogelnest ist zwischen Ring- und kleinem Finger. Die andere Hand ist das Büblein (Mädchen), klettert am Arm hinauf, springt von Finger zu Finger, schaut ins Nest und fällt herunter.

Wie das Fähnchen auf dem Turme

Ellbogen aufstützen, Hände als Fahne hin und her schwenken

Wie das Fähnchen auf dem Turme
sich kann drehn bei Wind und Sturme,
so soll sich mein Händchen drehn,
daß es eine Lust ist anzusehn.

Friedrich Fröbel

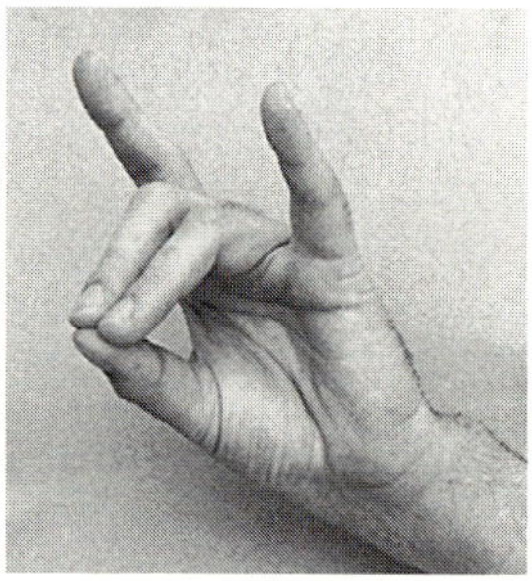

Ein Hase wollt zur Schule gehn

Der Hase – Zeige- und kleine Finger als Ohren hoch –

Ein Hase wollt zur
Schule gehn,
zur Schule ganz allein,

springt über den Tisch und fällt von der Tischkante.

er hat den Bach dort nicht gesehn,
und – plumps! – fiel er hinein.

Die flachen Hände beschreiben Wasserwellen,

Der Bach trieb rasch dem Tale zu,

die zusammengelegten Hände bilden ein Haus.

dort, wo die Mühle steht,
und wo sich ohne Rast und Ruh
das große Mühlrad dreht.

Die Unterarme drehen sich umeinander.

Ganz langsam drehte sich das Rad,

fest hielt's der kleine Has,
und als er endlich oben war,
sprang er vergnügt ins Gras.

Der Hase springt davon

Da lief der Hase heim ganz schnell,
vorbei war die Gefahr.

das Kind «rubbeln» Vater kann durch beliebige Person ersetzt werden

Der Vater rubbelt froh sein Fell,
bis daß es trocken war.

überliefert

Für'n Sechser Knackwurst

Hans und Peter stehn im
Laden,
wolln für'n Sechser
Knackwurst haben.
Für'n Sechser Knackwurst
gibt es nicht,
Hans und Peter ärgern sich.
überliefert

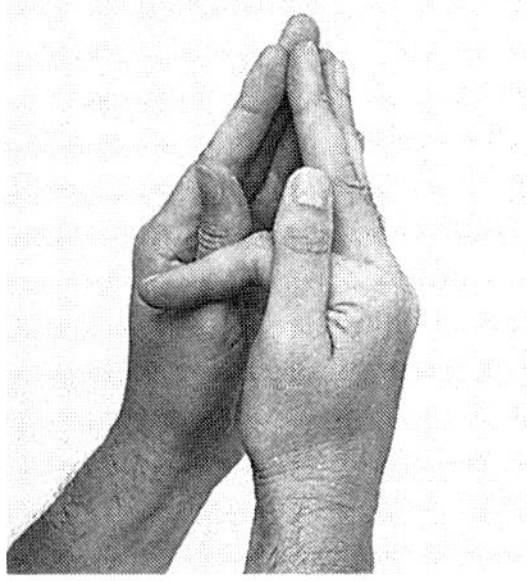

Mit beiden Händen ein Dach bilden und dann die beiden Zeigefinger übereinander legen, die Daumen stehen als «Kunden» davor. Zuerst bewegt man sie ein wenig, beim Ärgern schubsen sie sich gegenseitig.

Das Patsch-und-Pfote-Lied

Seht, Patsch und Pfote ham Geschick!
Hört her, jetzt machen sie Musik.
Refrain: Fiderallalla ...

Patsch und Pfote spielen «virtuos» auf ihrem «Instrument»

Die Pfoten und die Patschen,
die könn'n im Rhythmus klatschen.
Refrain: Fiderallalla ...

es tun

Was machen Patsch und Pfote nu?
Sie halten mir die Nase zu.
Refrain: Fiderallalla ...

mit zugehaltener Nase singen

Die Pfote und auch unser Patsch,
die machen mit den Lippen Quatsch.
Refrain: Fiderallalla ...

dabei die Lippen mit den Fingern «blubbern» lassen

Jetzt fällt mir was Besondres auf,
gleich zeigen Patsch und Pfote drauf.

auf irgend etwas zeigen, und das Wort als Refrain singen

Nase bohren und dabei verträumt den Refrain singen

Die Pfote sieht man, traumverlorn,
manchmal in ihrer Nase bohrn.
Refrain: Fiderallalla ...

Und kommt mein Onkel Ernst dazu,
dann sagt er immer: «du – du – du»
Refrain: Fiderallalla ...

Ohren zuhalten und nur die Lippen bewegen

Und gibt mein Onkel Ernst nicht Ruh,
dann halt ich mir die Ohren zu.
Refrain: Fiderallalla ...

Vogel zeigen und piepen

Ja, Patsch und Pfote sind zwar lieb,
doch manchmal zeig'n sie dir'n Piep!
Refrain: Fiderallalla ...

mit Händen große Ohren machen, wackeln lange Nase machen

Und Ohren wie ein Hase ...
und eine lange Nase ...
Refrain: Fiderallalla ...

Und kommt es vor, daß du dich haust,
sind Patsch und Pfote schnell 'ne Faust.
Refrain: Fiderallalla ...

mit Fäusten drohen

Doch Patsch und Pfote, fällt mir ein,
die können auch sehr zärtlich sein.
Refrain: Fiderallalla ...

sich selber streicheln, jemand anderen streicheln

Wenn juckt dein Kopf ganz fürchterlich,
gleich kratzen Patsch und Pfote dich.
Refrain: Fiderallalla ...

tun es lustvoll

Die Rechte und die Linke,
die machen winke-winke.
Refrain: Fiderallalla ...

Hände winken

Nun müssen Patsch und Pfote gehn,
sie rufen laut: Auf Wiedersehn!
Refrain: Auf Wiedersehn ... etc. ...

dabei allgemeines Händeschütteln

Peter Kirsch

Nach der Melodie «Ein Vogel wollte Hochzeit machen». Die Puppen sind aus dünnen weißen Handschuhen hergestellt, die mit den einzelnen Teilen (wie Augen, Haaren usw.) benäht oder beklebt sind.

Meine Hände sind verschwunden

Meine Hände sind verschwunden,
ich habe keine Hände mehr.
Seht, da kommen meine Hände wieder her.

Hände hinter dem Rücken verstecken

und wieder vorholen

überliefert

Der Milchtopf

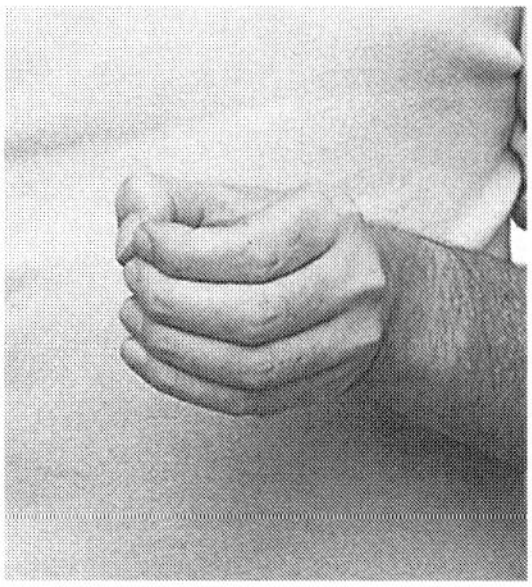

In der Küche auf
dem Tisch
steht ein Topf mit
Milch,ganz frisch.

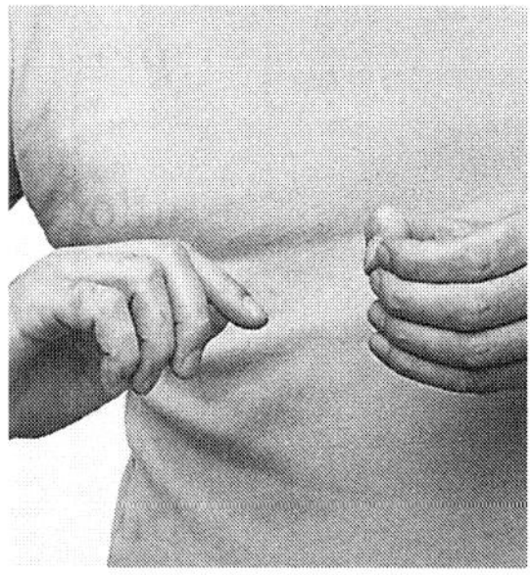

Katze will sich dran
erlaben,

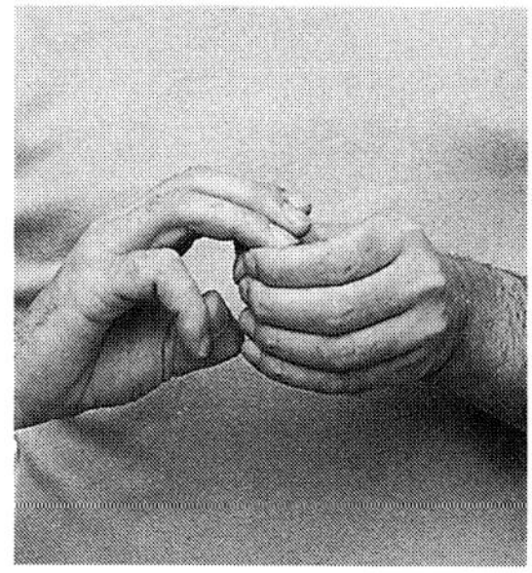

möchte von der
Milch was haben,

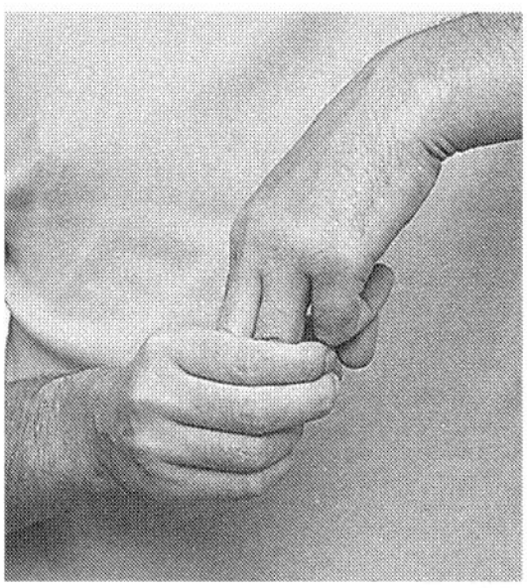

steckt das Köpfchen
in das Töpfchen
und trinkt und trinkt ..

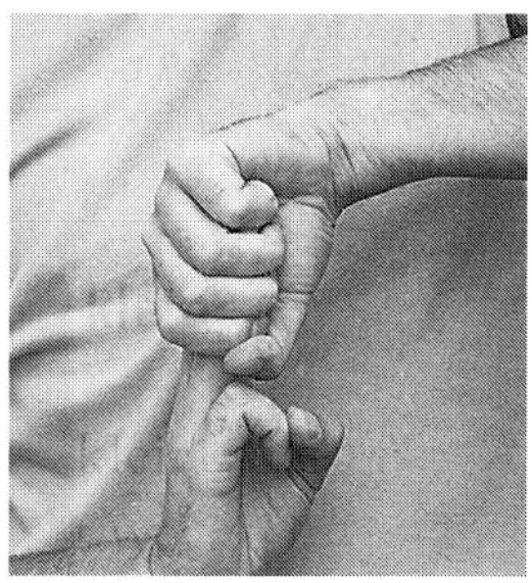

O weh! Das Köpfchen
will nicht mehr in
die Höh!
Mit dem Töpfchen auf
dem Köpfchen

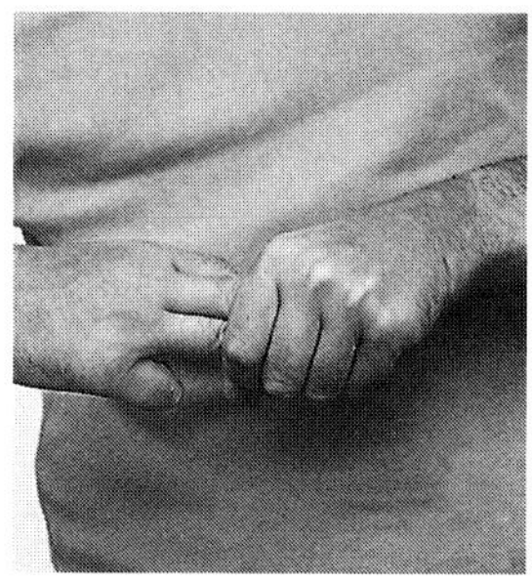

läuft die Katze in
den Schnee
und zieht und zieht ...

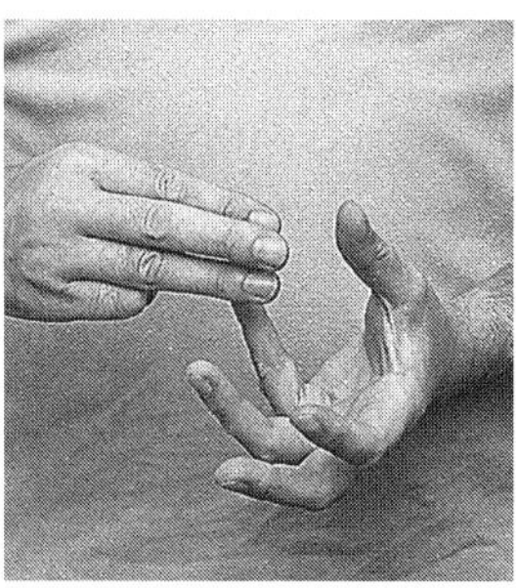

Ist ein großer Stein gelegen,
Katze stößt genau dagegen,
geht das Töpfchen gleich entzwei;
Miezekatz ist wieder frei!

überliefert

Handklapp

Zahlenerklärung:

1 = in die Hände klatschen
2+3 = mit beiden Händen in die Hände des Mitspielers klatschen
2 = mit der rechten Hand in die linke Hand des Mitspielers klatschen
3 = mit der linken Hand in die rechte Hand des Mitspielers klatschen
4 = mit den Schultern zucken
5 = pantomimische Bewegungen ausführen entsprechend der Worte, also Unterarme gegeneinander rollen, den Partner kitzeln oder an die Stirn tippen

Ich ging zum Doktor Rolle *

1	*2+3*	*1*	*2+3 1*	*5*	*5*	*5*
Ich	ging	zum	Doktor	Rolle	Rolle	Rolle
1	*2+3*	*2+3*		*5*	*5*	*5*
mit	meiner	Schwester		Kille	Kille	Kille
1	*2+3*		*2+3 1*		*5*	*5*
und	meinem		Bruder	Box	Box	Box,
1	*2+3*	*1*	*2+3*	*5*	*5*	*5*
der	ist	ein	rechter	Ochs	Ochs	Ochs.

überliefert

Bei Müllers hat's gebrannt *

2+3	*2* *3*	*2+3*	*1* *2+3*	*1*	*1*	
Bei	Müllers	hat's	gebrannt	-brannt	brannt,	
2+3	*2*	*3*	*2+3* *1*	*2+3*	*1*	*1*
da	bin	ich	hin-	gerannt	-rannt	-rannt.

Da kam ein Polizist -zist -zist,
der schrieb mich auf die List List List.
Die List fiel in den Dreck Dreck Dreck,
da war mein Name weg weg weg.

überliefert

* *Erklärung s. S. 71, oben*

In Amerika*

2+3	*1*	*2+3*	*1*	*2+3*	*1*	*2+3*	*1*
Eins	zwei	drei	vier	fünf	sechs	sieben,	
2+3	*1*	*2+3*	*1*	*2+3* *1*	*2+3* *1*		
wo	bist	du	so	lang	geblieben?		
2+3	*1*	*2*	*2+3* *1*	*3*			
Warst	nicht	hier,	warst	nicht	da,		
2+3	*1*	*2+3* *1*	*2+3*	*2+3*	*2+3*		
warst	wohl	in	Amerika!				

überliefert

* *Erklärung s. S. 71, oben*

Mit den Händen

Ein kleiner Hampelmann *

1 2+3 1 2+3 1 2+3 1 2+3
Ich bin ein kleiner Hampelmann,
1 2+3 1 2+3 1 2+3 1 2+3
der Arm und Bein bewegen kann,
1 2 4 4
mal rechts hm hm,
1 3 4 4
mal links hm hm,
1 2+3 4 4
mal auf hm hm,
(dabei die Arme nach oben strecken)
1 2+3 4 4
mal ab hm hm
(dabei in die Hocke gehen)
1 2+3 1 2+3 2+3 2+3
und auch mal klapp klapp klapp!

überliefert

* *Erklärung s. S. 71, oben*

Handklapp

Backe, backe Kuchen

Die Hände des Kindes werden im Rhythmus der Musik zusammen gepatscht, später «Rollentausch».

Backe, backe Kuchen,
der Bäcker hat gerufen!
Wer will guten Kuchen backen,
der muß haben sieben Sachen:
Eier und Schmalz,
Butter und Salz,
Milch und Mehl,
Safran macht den Kuchen gehl*:
Schieb, schieb in Ofen 'nein.

überliefert

** = gelb*

Jetzt spielen wir Klavier

Jetzt spielen wir Klavier
mit unsern Händen vier.
Wir spielen alle Noten,
das ist ja nicht verboten.
Wir spielen das, was jeder will,
erst hoch und tief, dann leis' und schrill.

Raimund Pousset

Die Zappelmänner

10 kleine Zappelmänner
zappeln hin und her,
10 kleinen Zappelmännern
fällt das gar nicht schwer.
10 kleine Zappelmänner
zappeln auf und nieder,
10 kleine Zappelmänner
tun das immer wieder.
10 kleine Zappelmänner
zappeln ringsherum,
10 kleinen Zappelmännern
scheint das gar nicht dumm.
10 kleine Zappelmänner
spielten mal Versteck,
10 kleine Zappelmänner
sind auf einmal weg!

überliefert

Hände vom Körper etwas weghalten und Finger abspreizen, mit den Händen zappeln und die Bewegungen entsprechend dem Text ausführen

Hände hinter den Rücken

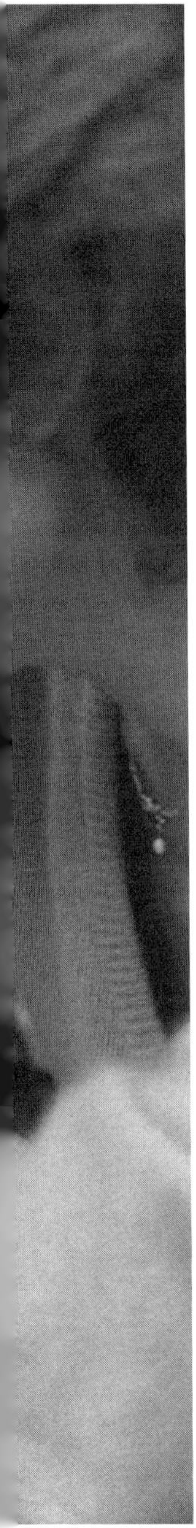

Kapitel 3
Zum Einschlafen und Aufwachen

Schlaf, Kindlein, schlaf

Schlaf, Kindlein, schlaf!
Dein Vater (dein' Mutter) ist ein Schaf,
dein' Mutter (dein Vater) ist nicht
besser dran,
solange sie (er) nicht (hämmern o. ä.)
kann,
schlaf, Kindlein, schlaf!
Raimund Pousset

wenn die Erwachsenen tagsüber einen Fehler gemacht haben

Kuschellied

Komm, ich kuschel dich ein!
Ganz fest die Deck um die Bein,
nicht vergessen hier ebenfalls
um den Bauch – und dann um
den Hals.
Den Teddy (Puppe usw.) im Arm
ganz sacht,
der bei dir bleibt heute nacht.
Ich hab dich lieb und geb dir
'nen Kuß,
gute Nacht, du müde Nuß!
Raimund Pousset

Bewegung entsprechend Text, das Eigenschaftswort je nach Situation wählen, z. B. «nasse Nuß» nach dem Baden oder Wortspiel: «Ni-na-nudel-Nuß»

Wiegenlied

schönes Tagesereignis nennen

Schlaf ein, mein Kind, schlaf ein!
Ganz müd darfst du jetzt sein.
Träum vom bunten Märchenland,
von Erdbeereis und weißem Strand,
von ...
Schlaf ein, mein Kind, schlaf ein!

Raimund Pousset

Sieh, hier meine Hände

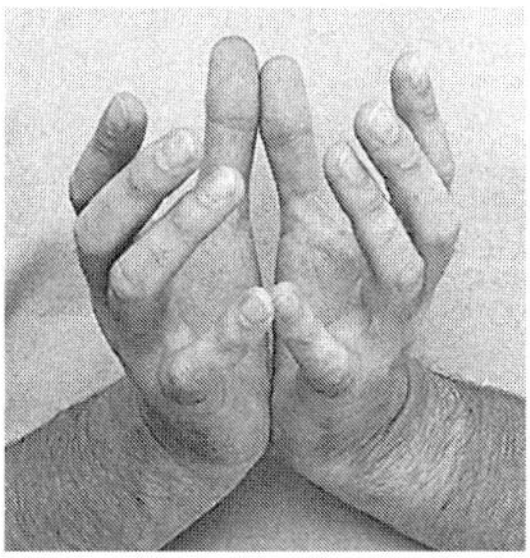

Sieh, hier meine Hände,
die Blumen zu den Sternen sehen,
so ...

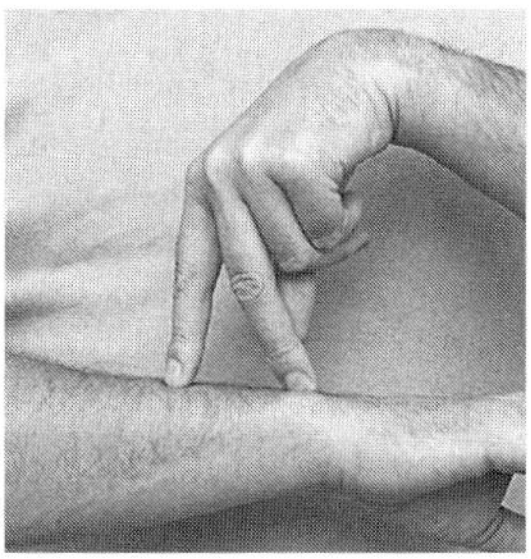

Sieh, hier meine Hände,
Giraffen durch die Steppe gehen,
so ...

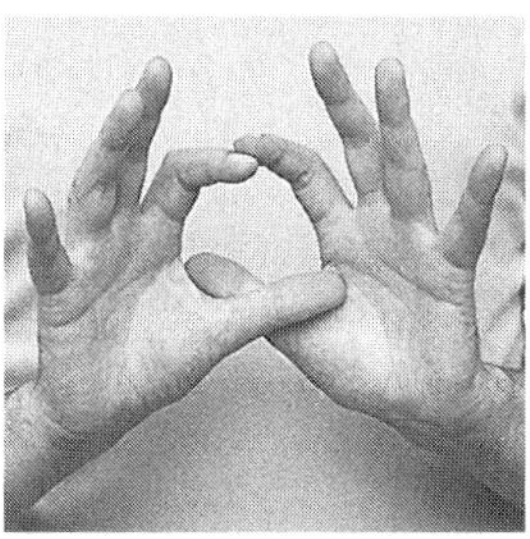

Sieh, hier meine Hände,
der Mond – er schaut auf dich und lacht,
so ...

Schlafe ein, mein Kind,
ganz sacht.

Raimund Pousset

«O, O, O»

Pitsch, patsch, Hände,
der Tag geht zu Ende.
Der Daumen sagt dem Zeiger:
«Gute Nacht!»
So hast du ein Zeiger-O gemacht.

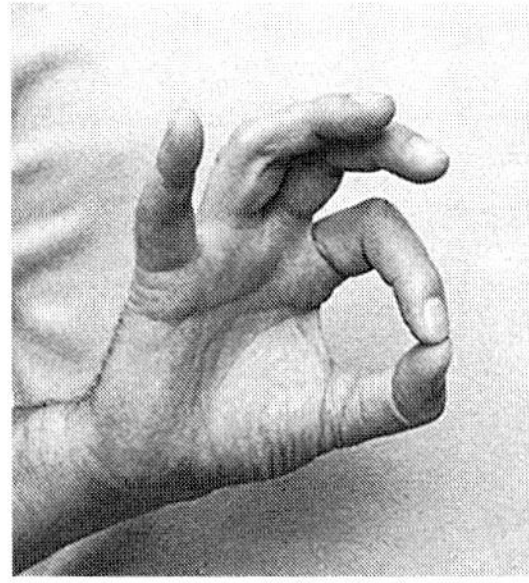

Pitsch, patsch, Hände,
der Tag geht zu Ende.
Der Daumen sagt dem Mittler:
«Gute Nacht!»
So hast du ein Mittler-O gemacht.

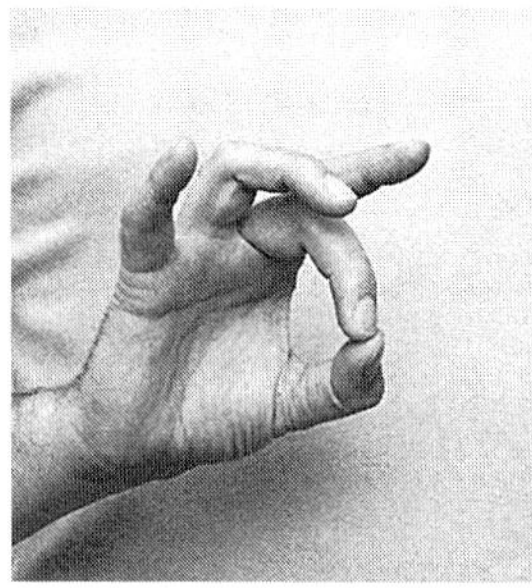

Pitsch, patsch, Hände,
der Tag geht zu Ende.
Der Daumen sagt dem Ringer:
«Gute Nacht!»
So hast du ein Ringer-O gemacht.

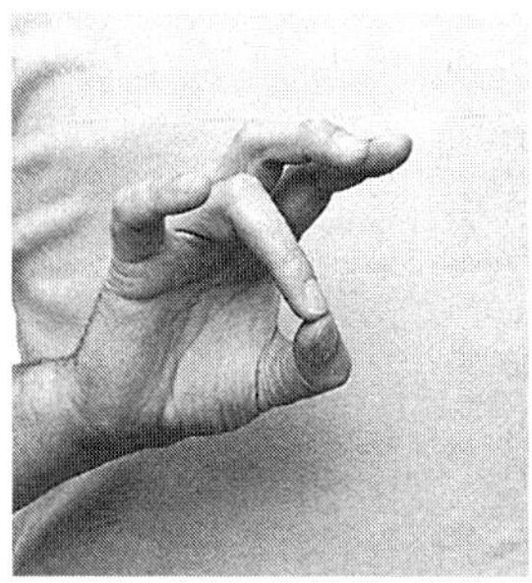

Pitsch, patsch, Hände,
der Tag geht zu Ende.
Der Daumen sagt dem Kleinen:
«Gute Nacht!»
So hast du vier Finger-Os gemacht.

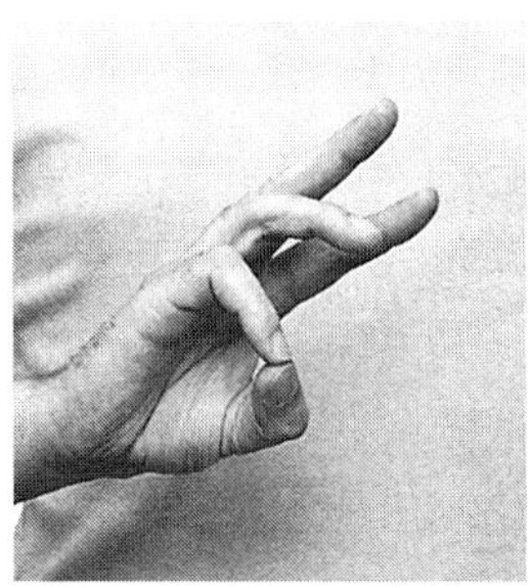

Und morgen,
wenn mein Kind erwacht,
wird wieder
«O, O, O» gemacht.

Monika-Karpf-Achtélik

Der Vogel singt

Der Vogel singt, die Katze schnurrt:
Guten Morgen, guten Morgen!
Die Taube auf dem Dache gurrt:
Guten Morgen, guten Morgen!
überliefert

Guten Morgen

Guten Morgen,
ein neuer Tag beginnt!
Da freuen wir uns alle,
weil wir beisammen sind.
Elsbeth Friemer

Frühstück im Bett

Frühstück im Bett, Frühstück im Bett
find' ich ganz toll, weil meistens spät.
Ich mampf und stopf, ich mampf und stopf;
denn ich hab nur Frühstück im Kopf.
Eltern jedoch, Eltern jedoch
machen zu gern anderes noch.
Quatschen zuviel, quatschen zuviel,
spielen mit mir selten ein Spiel.
Hören Musik, hören Musik,
Beatles und Jazz, Mozart und Grieg.
Was mich sehr stört, was mich sehr stört,
ist, wenn kein Mensch mir mal zuhört.
Wenn ich bloß wüßt', wenn ich bloß wüßt',
warum mein Paps Mama so küßt.
Dann will ich auch, dann will ich auch,
kuschel mich an Busen und Bauch.
Dreicrles-Kuß, Dreierles-Kuß,
find ich ganz toll, wenn ich nicht muß.

Raimund Pousset

Kapitel 4 Kniereiter

Bei allen Kniereitern werden die Kinder rittlings auf die Knie gesetzt, an den Händen gehalten und im Sprachrhythmus gewiegt. Bei den letzten Worten läßt man das Kind weit nach hinten fallen, hält dabei die Hände des Kindes fest.

Hopp, hopp, ho

Hopp, hopp, ho, Mann,
zieh dem Pferd die Zügel an,
zieh sie nicht so lang an,
daß das Kind auch reiten kann,
hopp, hopp, hopp,
... und plumps!

überliefert

Reite, reite, Rößlein!

Reite, reite, Rößlein,
nach Basel* in ein Schlößlein.
Da ist ein großes Kinderhaus,
fünf Kinder schaun zum Fenster raus.
Das erste singt, so schief es geht,
dem zweiten ist das Hemd verdreht,
das dritt rutsch auf 'ner Ketchup-Bahn,
dem vierten fehlt ein Schneidezahn,
das fünfte hält den Weltrekord
im Nasenpopeldauersport.

Raimund Pousset

Dieser Kniereiter kann auch als Fingerspiel gespielt werden, indem jeweils die fünf Finger einer Hand nacheinander hochgehalten werden.

** bekannte Stadt einsetzen*

Reiterlied

Troß, troß, trill,
das Roß ist heut so still,
das Roß will heut nicht laufen,
der Bauer will's verkaufen,
verkaufen will's der Bauer,
das Leben wird ihm sauer,
kalt ist jetzt der Winter,
beim Bauern wohnt ein Inder,
der Wind bläst seinen Turban schief,
und der fällt tief.

überliefert

Morgen-Kniereiter

wir reiten unser Kind zu einer leisen und langsamen Singsang-Melodie auf den Knien

Wir reiten durch den Morgen,
die Sterne sind verblaßt,
der Mond, der ging schon schlafen,
die Nacht macht müde Rast.

Refrain zum Aufwachen auf die Melodie «Auf der schwäbschen Eisebahne», aber schnell

Hobbeldi und hobbelda,
hobbeldi und hobbelda,
hobbeldi und hobbelda,
hobbeldi und hobbelda.

wieder langsam

Mein Kind, das ist noch müde,
die Äuglein sind noch zu.
Es murmelt leis beim Reiten:
«Ach, laß mich doch in Ruh!»

Refrain zum Aufwachen auf die Melodie «Auf der

Hobbeldi und hobbelda,
hobbeldi und hobbelda,

hobbeldi und hobbelda,
hobbeldi und hobbelda.

schwäbschen Eisebahne»,
aber schnell

Die Sonne lacht vom Himmel,
der Tag nimmt seinen Lauf,
und über allem Reiten,
da wacht mein Kind dann auf.

wieder langsam

Hobbeldi und hobbelda,
hobbeldi und hobbelda,
hobbeldi und hobbelda,
hobbeldi und hobbelda.

Refrain zum Aufwachen auf die Melodie «Auf der schwäbschen Eisebahne», aber schnell

Raimund Pousset

Hoppe, hoppe, Reiter

Hoppe, hoppe, Reiter,
wenn er fällt, dann schreit er.
Fällt er in den Graben,
fressen ihn die Raben.
Fällt er in den Sumpf,
macht der Reiter plumps.

überliefert

Zu Pferde um die Erde

Hopp, hopp, hopp zu Pferde,
wir reiten um die Erde.
Die Sonne reitet hinterdrein.
Wie wird sie abends müde sein.
Hopp, hopp, hopp!

überliefert

So reiten die Herren

So reiten die *Herren*
auf ihren stolzen Pferden:
zuck-zuck-zuck, zuck-zuck-zuck!
So reiten die *Jüfferchen*
mit ihren spitzen Tüfferchen:
tripp-trapp, tripp-trapp, tripp-trapp!
So reiten die *Bauern*
die Humpels, die Pumpels:
truf-truf, truf-truf, truf-truf!
So reiten die *Husaren:*
Klabaster, klabaster, klabaster!

überliefert

Hopp, hopp, hopp

Hopp, hopp, hopp,
Pferdchen lauf Galopp,
über Stock und über Steine,
aber brich dir nicht die Beine!
Immer im Galopp,
hopp, hopp, hopp, hopp, hopp!

Brr, brr, he,
steh doch, Pferdchen, steh!
Sollst schon heut noch weiterspringen,
muß dir erst noch Futter bringen,
brr, brr, brr, brr, he,
steh doch, Pferdchen, steh!

überliefert

So reiten jetzt die kleinen Kind

So reiten jetzt die kleinen Kind,
wenn sie noch ganz winzig sind.
Und wenn sie größer werden,
so reiten sie auf Pferden.
Wenn sie groß gewachsen,
so reiten sie nach Sachsen.
Wenn sie kommen zu Verstand,
so reiten sie nach Engelland.
Und dann, nach sieben Sommern,
findt man sie in Pommern.
Von Pommern geht's nach Polen,
dort wollen wir sie holen.
Und sind sie einmal groß und stark
so reisen sie nach Dänemark.
Und wenn sie nichts mehr haben,
komm sie dann nach Schwaben,
reiten vor des Königs Schloß,
schießen drei Pistolen los:
Piff, paff, puff!

überliefert

Kapitel 5

Schattenspiele

In einigem Abstand wird eine sehr helle Lampe in Hüfthöhe vor einem hellen Hintergrund (weiße Rauhfasertapete oder Filmleinwand) aufgestellt, wenn möglich ein Scheinwerfer oder Spotlight.

Dann setzt sich der Schattenspieler vor die Wand und beginnt mit der einfachen Figur «Hund» (s. links). Er bewegt die Hände langsam und spielerisch, verkürzt damit die Nase, bewegt die Ohren des Hundes und schaut, was dabei herauskommt. Die Abbildungen auf der nächsten Seite zeigen einen solchen Gestaltungsprozeß.

Sind erkennbare Schattenfiguren entstanden, läßt sich daraus leicht ein kleines Schattenspiel entwickeln.

Nehmen wir noch einige Gegenstände hinzu (Backlöffel, Schere, Blume usw.), befinden wir uns schon mitten in einem kleinen Schattentheater. Von da ist nur ein winziger Schritt, Pappfiguren auf die Finger zu setzen und mit den Schattenrissen zu spielen. Vielleicht kommt auch jemand auf die Idee, den eigenen Körper als pantomimische Schattenfigur einzusetzen. Dazu bedarf es dann eines vor der Lampe gespannten Bettlakens. Der Spielort ist zwischen Lampe und Tuch, nahe dem Tuch. Die Zuschauer sitzen so, daß sie auf das Tuch schauen.

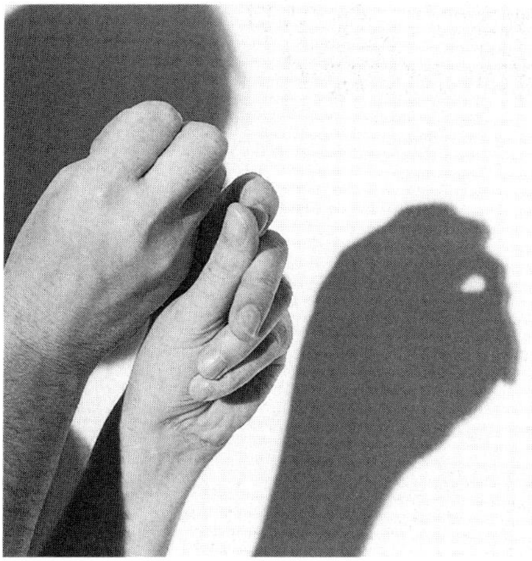

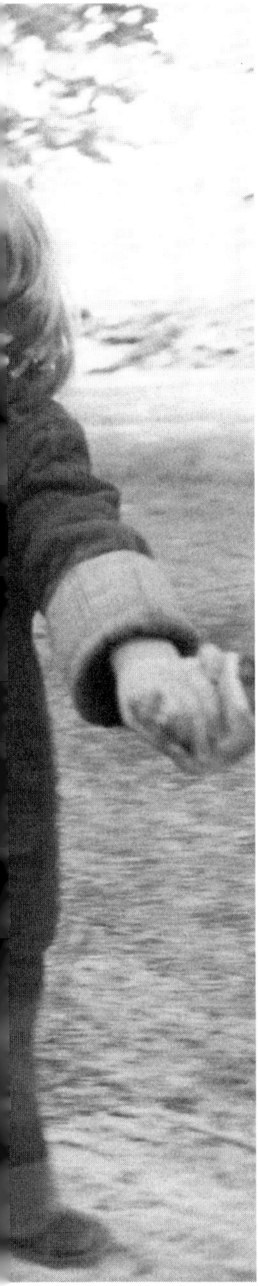

Kapitel 6

Für die Kindergruppe: zu mehreren tanzen und sich bewegen

Kreisspiele

Ich wollt, ich wär ein Huhn

Ich wollt, ich wär ein Huhn,
dann hätt ich nichts zu tun.
Ich legte jeden Tag ein Ei
und sonntags sogar zwei.
überliefert

Die Kinder stampfen rhythmisch mit den Füßen, bewegen dazu die Arme als Flügel auf und ab und scharren rhythmisch mit den Füßen.

Bi-Ba-Butzemann

Es tanzt ein Bi-Ba-Butzemann
in unserm Kreis herum, dideldum,
es tanzt ein Bi-Ba-Butzemann
in unserm Kreis herum.
Er rüttelt sich, er schüttelt sich,
er wirft sein Säckchen hinter sich.
Es tanzt ein Bi-Ba-Butzemann
in unserm Kreis herum.
überliefert

Fleißige Handwerker

Wer will fleißige Handwerker sehn,
der muß zu uns Kindern gehn.
Stein auf Stein, Stein auf Stein,
das Häuschen wird bald fertig sein.

... Seht wie fein, seht wie fein,
der Glaser setzt die Scheiben ein.

... Strich strich strich, strich strich strich,
der Maler malt die Wände frisch.

... Schrumm schrumm schrumm schrumm
schrumm schrumm,
der Schlosser dreht den Schlüssel um.

... Tief hinein, tief hinein,
der Schornstein wird bald sauber sein.

... Zisch zisch zisch, zisch zisch zisch,
der Tischler hobelt glatt den Tisch.

... Rühret fein, rühret fein,
der Bäcker rührt den Kuchen ein.

... Poch poch poch, poch poch poch,
der Schuster flickt im Schuh das Loch.

... Stich stich stich, stich stich stich,
der Schneider näht ein Kleid für dich.

... Hopp hopp hopp, hopp hopp hopp,
alle tanzen im Galopp.
überliefert

Hammer Hammer, klopf

Hammer Hammer, klopf klopf,
poch dem Nagel auf den Kopf!
Zange Zange, zwick zwick,
beiß den Nagel ins Genick!
Und die alte Säge
schneidet grad und schräge.
überliefert

Wir Hirschlein ziehn zu Walde *

Wir Hirschlein ziehn zu Walde,
wir ziehn des Nachts beim
Mondenschein.
Ihr Hirschlein, bückt euch alle!
Wir wolln uns gerne bücken,
wir schleichen uns durch den Rücken,
wir schleichen uns durch das Türlein
rein,
der letzte soll gefangen sein!
überliefert

* *s. Spielanleitung S. 97, rechts*

Ziehe durch *

* *s. Spielanleitung S. 97, rechts*

Ziehe durch, ziehe durch,
durch die goldne Brücke!
Sie ist entzwei, sie ist entzwei,
wir wolln sie wieder flicken.
Mit was denn, mit was denn?
Mit Steinerle, mit Beinerle!
Was gebt ihr uns zum Lohne?
Eine goldne Krone.
Zieht alle durch, zieht alle durch!
Den letzten wolln wir fangen
mit Spießen und mit Stangen.

überliefert

Machet auf das Tor *

* *s. Spielanleitung S. 97, rechts*

Machet auf das Tor! Machet auf das Tor!
Es kommt ein goldner Wagen!
Was will er denn? Was will er denn?
Er will (die Gabi) haben.

überliefert

** Spielanleitung: Zwei Kinder stehen sich gegenüber und fassen sich an den Händen.
Sie heben die Arme hoch und bilden mit den Armen ein «Tor», die anderen ziehen durch das Tor hindurch.
Wenn das Lied zu Ende ist, wird das Kind gefangen, das gerade unter dem Tor durchzieht.
Dieses Kind löst eines von den beiden «Torkindern» ab.*

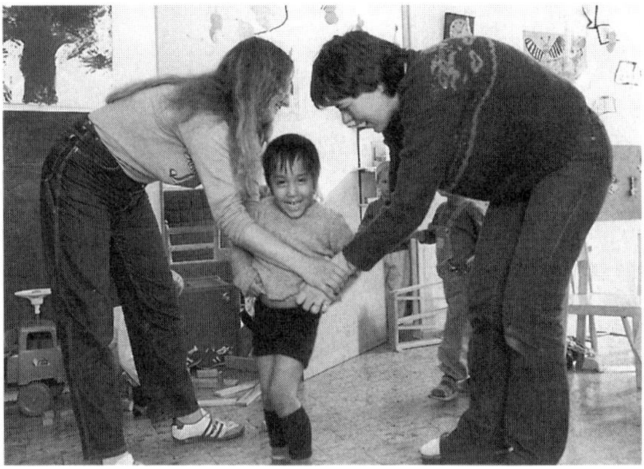

*Sobald ein Kind gefangen ist, kann folgendes Spiel angehängt werden:
Die beiden Fänger fragen das mit beiden Armen umschlossene Kind: «Was willst du, Himmel oder Hölle?»
Das Kind wählt, woraufhin einer der beiden Verse gesprochen wird.
Hölle: Wir rütteln und schütteln den Teufel zum Tor hinaus,
und wenn er nicht will,
dann schmeißen wir ihn raus!
Dabei wird das Kind leicht gerüttelt und durch Öffnen der Arme mit leichtem Schubs aus der Gefangenschaft entlassen.
Himmel: Wir wiegen die Engel im Paradies und werfen sie dann sanft auf die Wies.
Dabei wird das Kind hochgehoben, gewiegt und gleichfalls aus der Gefangenschaft entlassen, indem es sanft auf den Boden gesetzt wird.*

Kreisspiele

Ringelreihe-Lied

Die Kinder tanzen im Kreis und setzen sich beim Kommando «Sitzt nieder» schnell auf den Boden.

Ringel Ringel Reihe,
sind der Kinder dreie,
sitzen auf dem Holderbusch,
schreien alle musch musch musch!
Sitzt nieder!

Sitzt 'ne Frau im Ringelein
mit sieben kleinen Kinderlein.
Was essens gern?
Fischlein.
Was trinkens gern?
Roten Wein.
Sitzt nieder.

überliefert

Eine kleine Zipfelmütze

Es geht eine Zipfelmütz
in unserm Kreis herum.
Drei mal drei ist neune,
ihr wißt ja, wie ich's meine.
Drei mal drei und eins ist zehn.
Zipfelmütz, bleib stehn, bleib stehn!
Sie schüttelt sich,
sie rüttelt sich,
sie wirft ihr Säcklein hinter sich,
sie klatschen in die Hand:
Wir beide sind verwandt.

überliefert

Die Kutsch

Ri-ra-rutsch,
wir fahren in der Kutsch.
In der Kutsche fahren wir,
auf dem Esel reiten wir.
Ri-ra-rutsch,
wir fahren in der Kutsch.

überliefert

Erwachsener und Kind nehmen sich mit der Rechten bei der rechten Hand, mit der Linken bei der linken Hand, marschieren so ein Stück, machen bei dem Wort «rutsch» scharf kehrt und fangen wieder von vorn an.

Petrus und Pilatus

Bei diesem Lied reichen sich zwei Kinder die Hände überkreuz und gehen singend auf und ab. Bei «Sprach Pilatus» drehen sie sich durch einen Zug der Hände schnell herum und wandern wieder zurück.

Pilatus wollte wandern,
sprach Petrus.
Von einer Stadt zur andern,
juchheisasa, andern,
sagt Pilatus.
Jetzt kommen wir vor ein Wirtshaus,
sprach Petrus.
Frau Wirtin, schenk uns Wein heraus,
juchheisasa usw.
sagt Pilatus.
Womit willst du ihn bezahlen,
sprach Petrus.
Ich hab noch einen Taler,
juchheisasa usw.
sagt Pilatus.
Wo hast du denn den Taler bekommen?
sprach Petrus.
Ich hab ihn den Bauern genommen,
juchheisasa usw.
sprach Pilatus.
Jetzt hast du keinen Segen,
sprach Petrus.
Daran ist nichts gelegen,
juchheisasa usw.
sprach Pilatus.
Jetzt kommst du nicht in Himmel ein,
sprach Petrus.
So reit ich auf einem Schimmel hinein,
juchheisasa usw.
sprach Pilatus.

So fällst du herunter und brichst das Bein,
sprach Petrus.
So rutsch ich auf dem Hintern hinein,
juchheisasa usw.
sprach Pilatus.
überliefert

Wozu sind die Füße da?

Die Kinder sollen eigene Strophen erfinden. Sie stehen sich in zwei Reihen gegenüber. Die eine Gruppe bewegt sich singend zur anderen Gruppe vor und wieder zurück mit der Frage: «Wozu sind die Füße da?» Die zweite Gruppe antwortet, indem sie auf ihrem Platz bleibt und rhythmisch mit dem Fuß aufstampft. Danach darf diese Gruppe sind auf die andere zubewegen und die Frage stellen: «Wozu sind die Hände da?» Die angesprochene Gruppe antwortet singend mit rhythmischem Klatschen.

Wozu sind die Füße da, Füße da, Füße da,
wozu sind die Füße da, wozu sind sie da?
Die Füße sind zum Stampfen da, Stampfen da,
Stampfen da,
die Füße sind zum Stampfen da,
dazu sind sie da.

Wozu sind die Hände da, Hände da, Hände da,
wozu sind die Hände da, wozu sind sie da?
Die Hände sind zum Klatschen da ...

Wozu sind die Beine da ...
Die Beine sind zum Hopsen da ...

Wozu sind die Arme da ...
Die Arme sind zum Schwingen da ...
überliefert

Grün, grün, grün

Beim Nennen der Farben zeigen die Kinder die entsprechende Farbe. Passende Berufe sollten die Kinder sich selbst ausdenken.

Grün, grün, grün sind alle meine Kleider,
grün, grün, grün ist alles, was ich hab.
Darum lieb ich alles, was da grün ist,
weil mein Schatz ein Jäger ist.
Schwarz – Schornsteinfeger
Blau- Schlossermeister
Rot – Feuerwehrmann
Weiß – Krankenpfleger
Bunt – Maler (Clown o. ä.) usw.

überliefert

Zeigt her eure Füße

Zeigt her eure Füße,
zeigt her eure Schuh
und sehet den fleißigen Kindern jetzt zu.
Sie bauen, sie bauen, den ganzen Tag,
Sie bauen, sie bauen, den ganzen Tag.
(Sie säen …, sie essen …, sie spielen …,
sie trinken …, sie turnen …, sie lachen …,
sie hüpfen …, sie schlafen … usw.)

überliefert

Die Bewegungen ergeben sich aus dem Text.

Elefantenbummel

Kreisspiel, die Bewegung ergibt sich aus dem Text.

Ein Elefant wollt bummeln gehn,
sich die ganze Welt besehn.

Bald ist er nicht mehr allein,
alles trampelt hinterdrein.

Langsam setzt cr Fuß vor Fuß,
denn er ist kein Omnibus.

Und schon singt das ganze Land
dieses Lied vom Elefant.

überliefert

Sieben kleine Mausezähne

Sieben kleine Mausezähne kauten so herum,
da fing ein Zahn zu wackeln an
und fiel auf einmal um.
Da wuchs dem Kind ein neuer Zahn,
ganz langsam, seht mal, so!
Das Kind fing gleich zu kauen an
und wurde wieder froh.

Rose Götte

Jeweils sieben (bzw. beliebige Anzahl) Kinder sitzen in einer Reihe.
Bei «Sieben kleine Mausezähne kauten so herum» stellen und setzen sich die Kinder im Rhythmus zum Lied.
Bei «Da fing ein Zahn zu wackeln an» beginnt ein Kind hin und her zu wackeln, während die anderen weiter sich abwechselnd stellen und setzen.
Bei «und fiel auf einmal um!» setzt sich das erste Kind vor seinen Stuhl auf den Boden.
Nun geht es weiter mit «Sechs kleine Mausezähne ...»
Wenn kein Mausezähnchen mehr auf dem Stuhl sitzt, beginnt man mit dem zweiten Teil: «Da wuchs dem Kind ein neuer Zahn, ganz langsam, schaut mal, so»:
Das erste Kind erhebt sich langsam und setzt sich wieder.
Bei «Das Kind fing gleich zu kauen an und wurde wieder froh» macht der erste Zahn wieder die Auf-ab-Bewegung.
«Da wuchs dem Kind ein zweiter Zahn ...» usw., bis alle Zähne wieder da sind.

Spielen am Tisch

Der Fischer

Die Kinder sitzen um einen Tisch und haben ihre flachen Hände auf seinen Rand gelegt. Der «Fischer» steht, läßt seine rechte Hand langsam über den Händen der Kinder kreisen und sagt dazu den Vers. Bei den letzten Worten schlägt er auf eine der Kinderhände. Die Kinder versuchen, ihre Hände rechtzeitig zurückzuziehen. Jedes Kind wird einmal Fischer.

Ich hab gefischt,
ich hab gefischt,
ich hab die ganze Nacht gefischt
und keinen Fisch erwischt,
nur dich!

überliefert

Chinesischer Tusch

Zum Schluß wird alles ganz schnell hintereinander noch einmal ausgeführt.

Die folgenden Bewegungen werden rhythmisch in jeweils fünf Takten ausgeführt:

1. mit beiden flachen Händen auf den Tisch schlagen, (1-2-3-4-5)
2. in die Hände klatschen, (1-2-3-4-5)
3. mit den Füßen auf die Erde stampfen, (1-2-3-4-5)
4. lachen: ha, ha, ha, ha, ha! (1-2-3-4-5)

überliefert

Die Reise nach Amerika

Ich reise nach Amerika,
und wer will mit?
Die Katze mit dem langen Schwanz,
und die muß mit!
überliefert

Die Kinder sitzen um einen Tisch. Sie legen ihre Fäuste mit hochgehaltenen Daumen auf die Tischkante. Der Spielleiter kreist mit seiner rechten Faust in der Luft über den Händen der Kinder und zeigt im Takt auf die einzelnen Fäuste. Bei dem letzten Wort des Textes setzt er seine Faust auf den Daumen der Kinderfaust, bei der er bei diesem Wort gerade angelangt ist. Und nun «reisen» diese beiden Hände miteinander und so fort, bis alle Fäuste zu einem hohen Turm angewachsen sind. An die Stelle von «Amerika» kann jeder viersilbige Länder- oder Städtename gesetzt werden, den die Kinder gut kennen.

Kommando Pimperle

Die Kinder sitzen um einen Tisch, der Spielleiter «kommandiert» in immer wechselnder Reihenfolge: «Kommando Pimperle! Kommando hohl! Kommando flach! Kommando Faust!» Alle Kinder, auch er selbst, müssen die verschiedenen Kommandos ausführen. Bei «Kommando Pimperle» wird mit den Fingern auf den Tisch getrommelt, bei «Kommando hohl» mit der leicht gewölbten Hand auf den Tisch geschlagen, bei «Kommando flach» mit der flachen Hand und bei «Kommando Faust» mit der Faust. Läßt der Spielleiter bei seinen Befehlen das Wort «Kommando» fort, so macht er zwar selbst die geforderte Bewegung vor, aber die Mitspieler dürfen ihre bisherige Bewegung daraufhin nicht wechseln. Wer einen Fehler macht, zahlt ein Pfand. Dies ist ein Spiel, das große Aufmerksamkeit erfordert.

überliefert

Klappre, Mühle

Klappre, Mühle, klipp und klapp,
Müller, wirf das Korn hinab!

überliefert

Die rechte Hand ahmt das Klappern der Mühle nach. Der Zeigefinger liegt auf der Tischplatte, der Mittelfinger darunter, und beide Finger werden schnell auf und ab bewegt, so daß ein klapperndes Geräusch entsteht. Die linke Hand macht gleichzeitig weiche, kreisende Bewegungen, als ob sie im Takt das Korn in die Mühle schüttete.

Alles, was Flügel hat

Alles, was Flügel hat,
fliegt hoch in die Luft.
Alle Tauben fliegen ... hoch!
Alle Hunde fliegen ... hoch!
Alle Zeppeline fliegen ... hoch!

überliefert

Alle Zeigefinger trommel leise auf die Tischkante, beim Stichwort «hoch» die Finger hoch in die Luft heben, weiter «trommeln».

Wer beim falschen Flugobjekt die Hände hebt – der Spielleiter hebt sie in jedem Fall –, kann ein Pfand geben.

Händeberg

Gruppenspiel um den Tisch (auch zu zweit zu spielen).

Alle Spieler legen abwechselnd eine Hand flach auf den Tisch bzw. auf die Hand des vorhergehenden Spielpartners, so lange, bis alle Spieler beide Hände im entstehenden Händeberg stecken haben. Nun wird die jeweils unterste Hand hervorgezogen und schnell oben auf den Berg gelegt. In der Regel steigert sich das Tempo von allein bis zu einem wilden Gepatsche.

überliefert

Wer kann das?

Der rechte Zeigefinger geht im Takt hin und her an der Tischkante entlang, der linke Zeigefinger klopft gleichzeitig im selben Takt auf die Tischkante, immer an der gleichen Stelle bleibend.

Oder: Der rechte Zeigefinger macht die gleiche Bewegung wie oben beschrieben, der linke Finger zeichnet kleine Kreise auf die Tischplatte. Es lassen sich viele ähnliche Übungen ausdenken, bei denen es immer darauf ankommt, daß beide Hände etwas Verschiedenes im gleichen Takt ausführen.

überliefert

Eierblasen

Für dieses Spiel braucht man ausgeblasene Eier (oder einen Wattebausch). Die Spielpartner oder die Kleingruppe sitzen um den Tisch herum und versuchen, sich das Ei gegenseitig zuzupusten, ohne daß es vom Tisch fällt.

Vor jedem neuen Spielgang wird folgender Spruch gesagt:

Blase, blase, wie der Wind,
rolle, rolle, Ei geschwind!

Raimund Pousset

Kapitel 7 **Hand- und Fingertricks**

Viel Geld

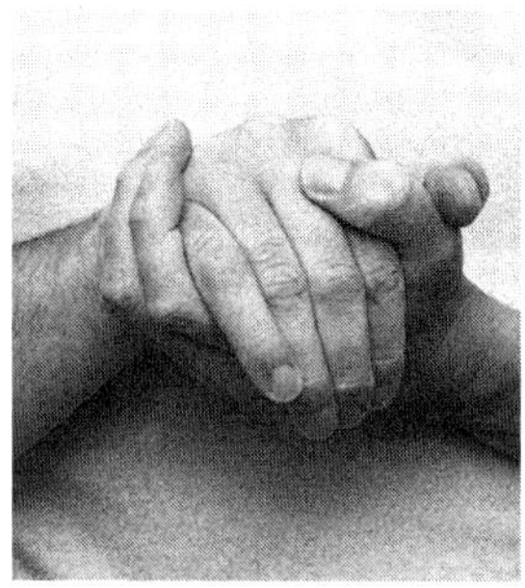

Die beiden Hände werden, längs auf quer, hohl aufeinandergelegt. Damit wird im Takt auf die Knie geschlagen, so daß ein Ton entsteht, als ob Geldstücke aufeinanderklingen. Das Ganze läßt sich auch als «Zaubertrick» aufziehen, etwa, wenn man eine Münze in die Hände nimmt und diese dann «wunderbar vermehrt». Das Geräusch hervorzubringen bedarf einiger Übung.

überliefert

Fingerzielen

Der Spieler schließt ein Auge und hält zwei Finger in einer Entfernung von ca. 30 cm vor den Augen gegeneinander. Dann bewegt er die beiden Finger rasch aufeinander zu. Die Fingerspitzen sollen sich berühren. Der Versuch kann mit allen Fingern und/oder auch blind erfolgen. Eine Berührung der Fingerspitzen ist außerordentlich schwierig.

überliefert

Glockenschwengel

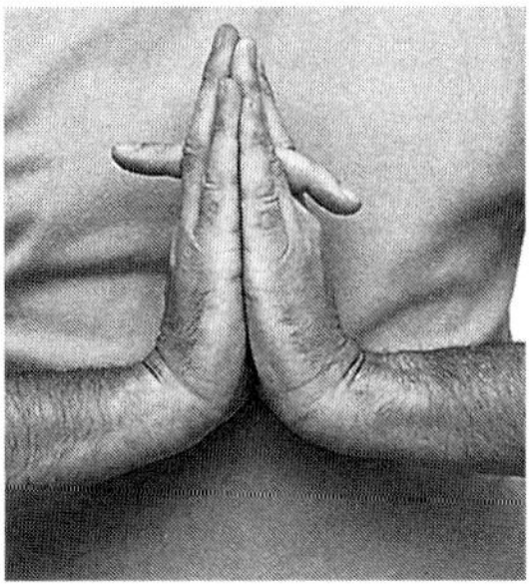
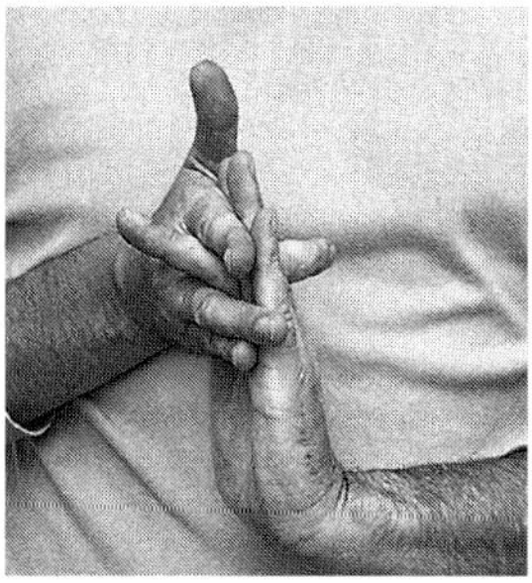
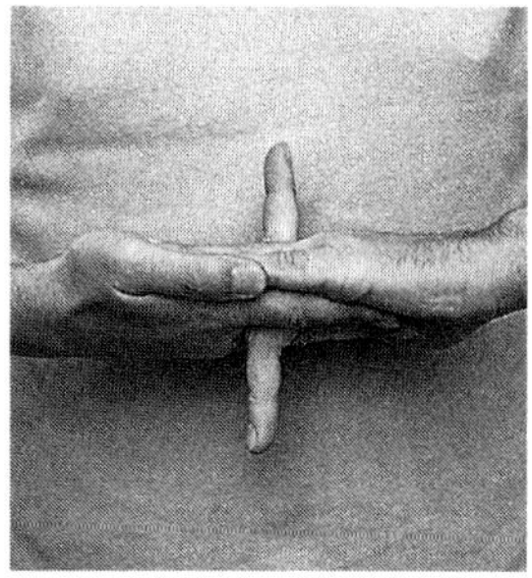

Die Hände werden gefaltet, die beiden Mittelfinger so gekreuzt, daß der rechte vor dem linken liegt. Dann werden beide Handflächen ganz steif flach um die Achse der beiden Mittelfinger gedreht, die rechte Hand nach hinten, die linke nach vorn. Dann können die beiden Mittelfinger als Glockenschwengel bewegt werden. Das Kind wird aufgefordert, das nachzumachen.

überliefert

Knobeln

Auch dieses Spiel werden viele kennen. Es dient dem Zeitvertreib, übt das Einfühlungsvermögen in die Strategie des andern und kann manchmal eine Entscheidung bei unangenehmen Erledigungen herbeiführen helfen (z. B.: Wer hilft heute beim Tischdecken?). Dreimal wird geknobelt (oder jede ungerade Zahl). Wer die meisten Punkte hat, gilt als Sieger. Die Spieler zählen gemeinsam laut 1-2-3 und zeigen dann gleichzeitig eine der vier Figuren mit der Hand:

Brunnen

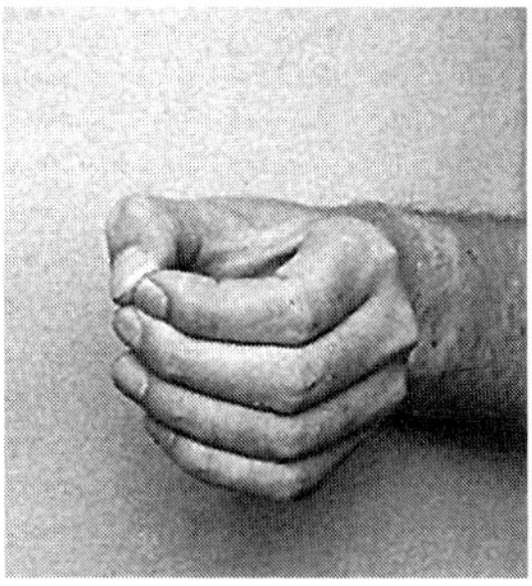

Schere

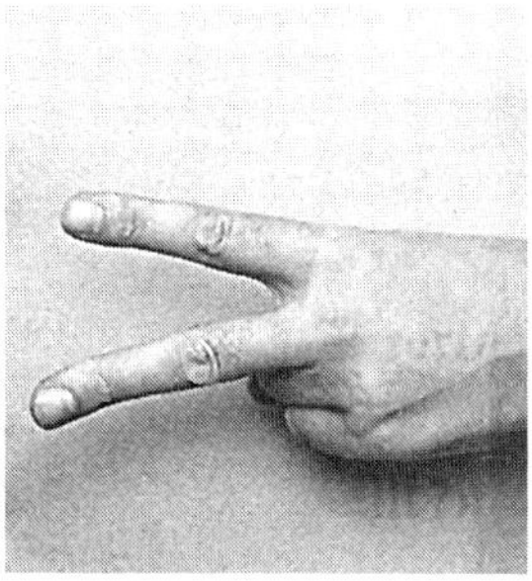

Papier

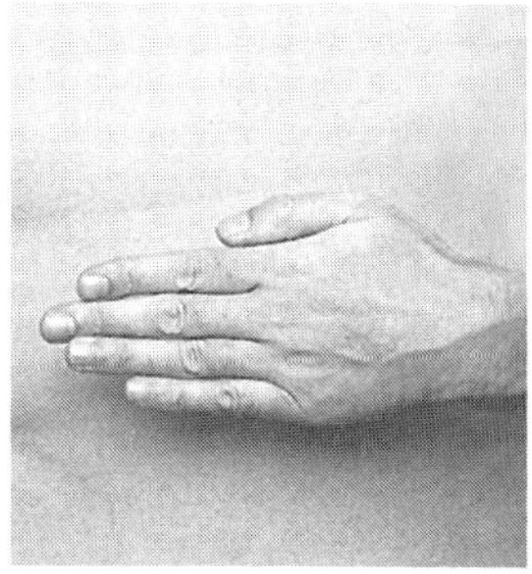

Brunnen siegt über Stein und Schere, verliert gegen Papier.

Schere siegt über Papier, verliert gegen Brunnen und Stein.

Papier siegt über Brunnen und Stein, verliert gegen Schere.

Stein siegt über Schere, verliert gegen Brunnen und Papier.

Stein

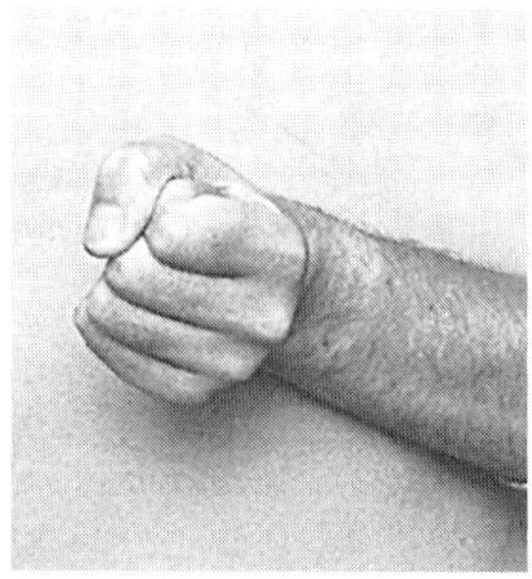

Die Begründung ergibt sich aus der Regel:

- Brunnen schluckt Stein und Schere.
- Schere schneidet Papier.
- Papier deckt Brunnen und wickelt Stein ein.
- Stein schleift Schere.

Knobeln kann man zu zweit, aber auch zu mehreren. Wenn mehrere spielen, können sich gleiche Figuren gegenseitig aufheben: z. B. zwei Brunnen gegen einen Stein. Für beide Brunnen gibt es je einen Punkt. Sieger ist, wer zuerst eine bestimmte Punktzahl erreicht hat.

überliefert

Fingertanz

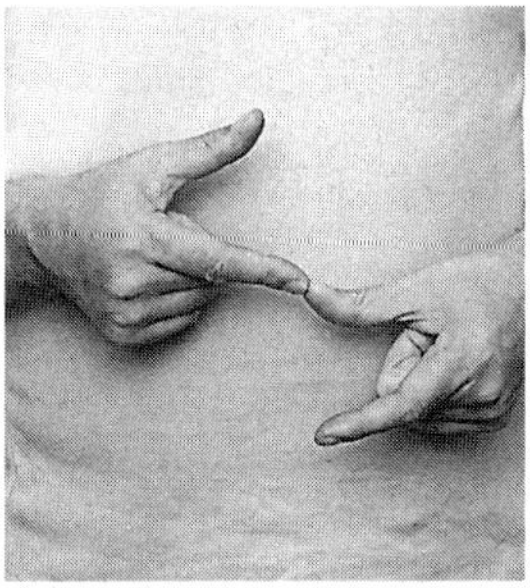

Ein altes Spiel zum Zeitvertreib! Linker Daumen und rechter Zeigefinger werden mit ihren Spitzen aneinandergelegt und so gedreht, daß die beiden anderen freien Fingerspitzen von Daumen und Zeigefinger sich treffen, fest aufeinandergelegt werden. Die erste Daumen-Zeigefinger-Verbindung wird gelöst, und die neue Verbindung dient als neue Drehachse usw. Wer diese Bewegung beherrscht, kann alsbald einen blitzschnellen Fingertanz aufführen.

überliefert

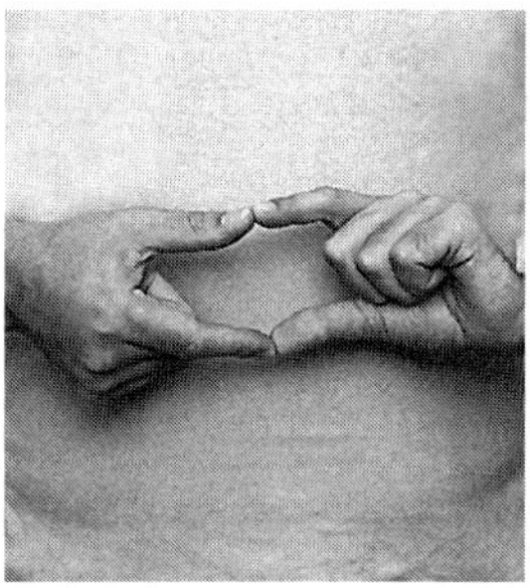

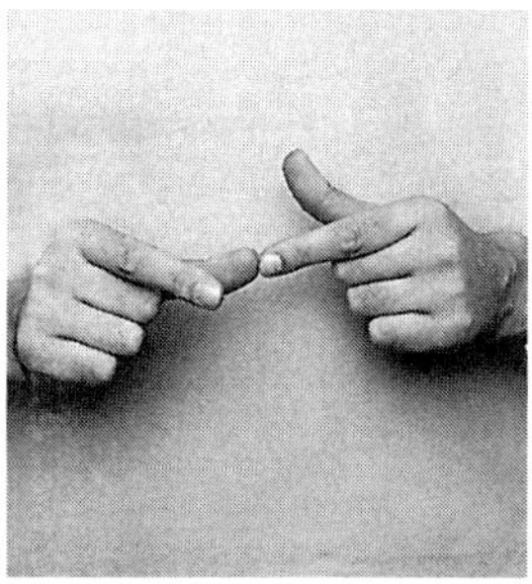

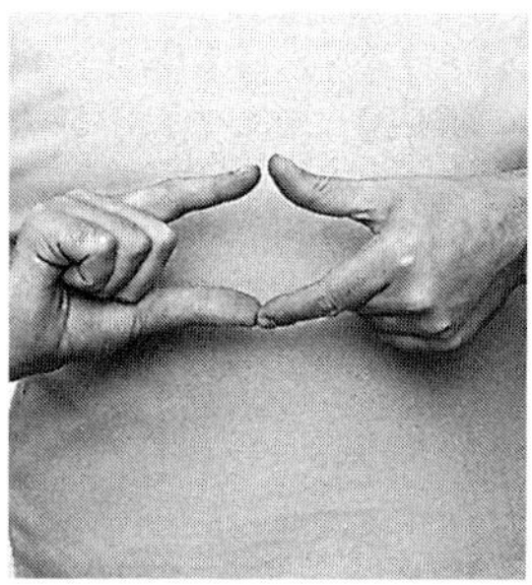

Der störrische Finger

Die Arme werden ausgestreckt und gekreuzt. Dann werden die Handflächen aufeinandergelegt und die Finger wie zum Gebet verschränkt.

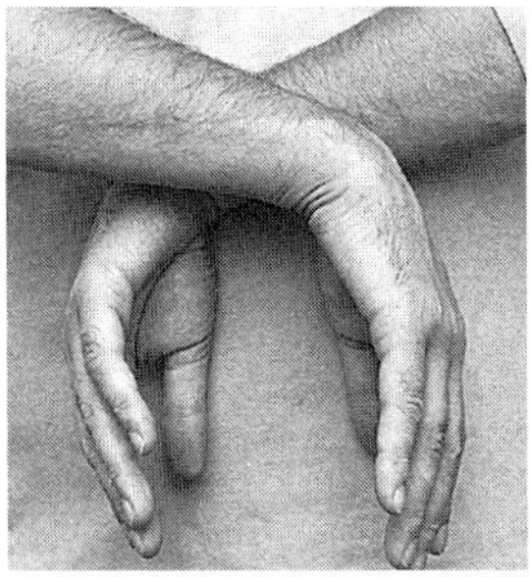

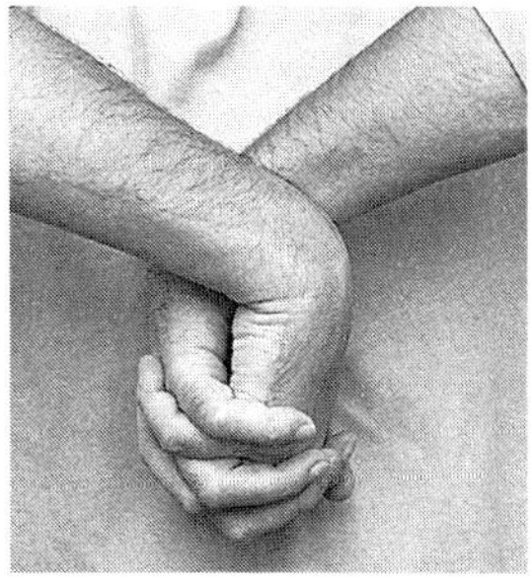

Die so verschränkten Hände werden gegen den eigenen Körper nach oben gedreht.

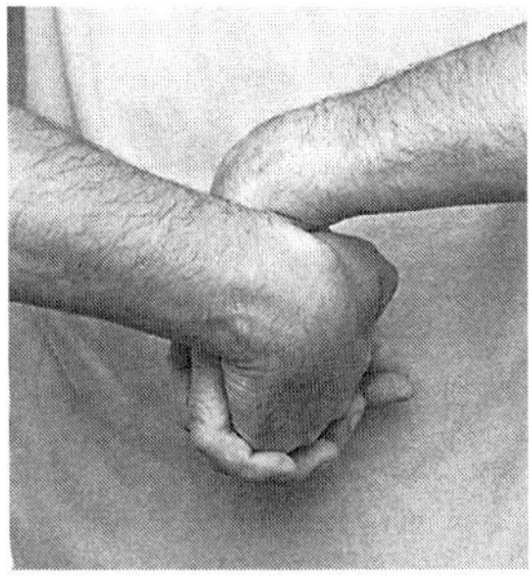

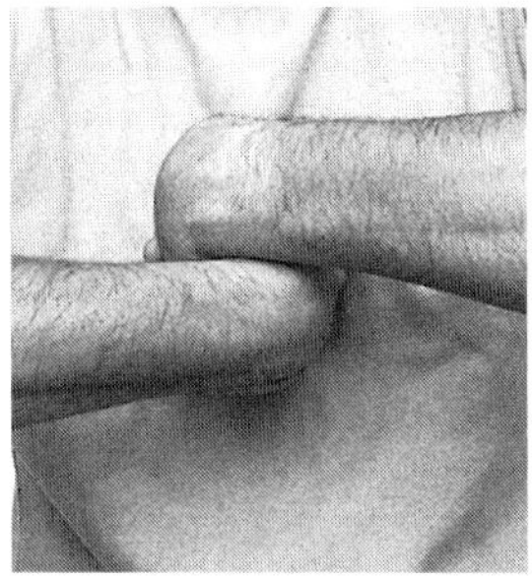

Der Mitspieler zeigt nun auf einen bestimmten Finger, ohne ihn jedoch zu berühren.
Dieser Finger soll spontan bewegt werden – prompt bewegt sich ein anderer als der störrische Finger.
Nur mit Konzentration wird der Versuch gelingen.

überliefert

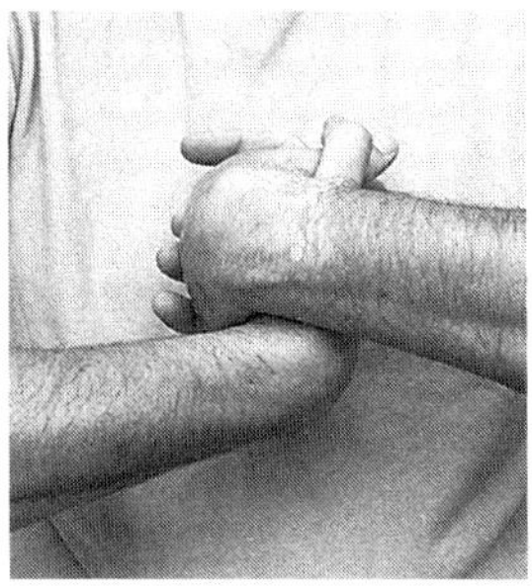

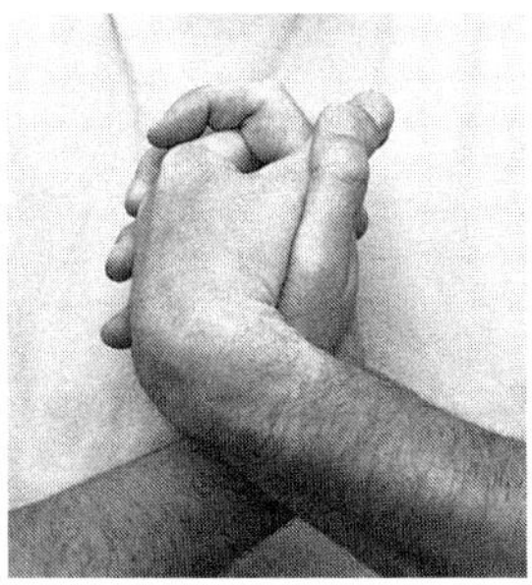

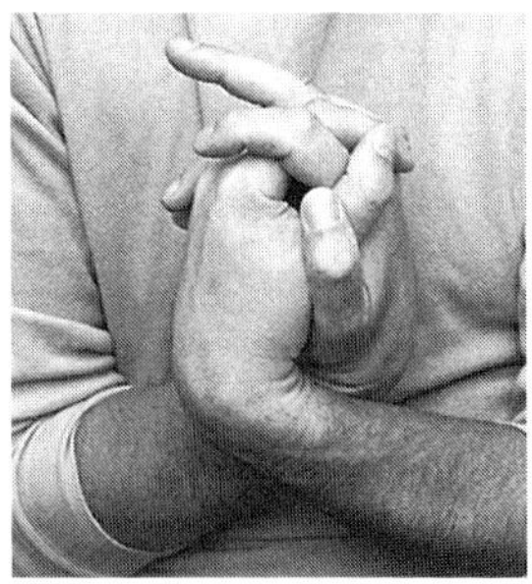

Der fehlende Finger

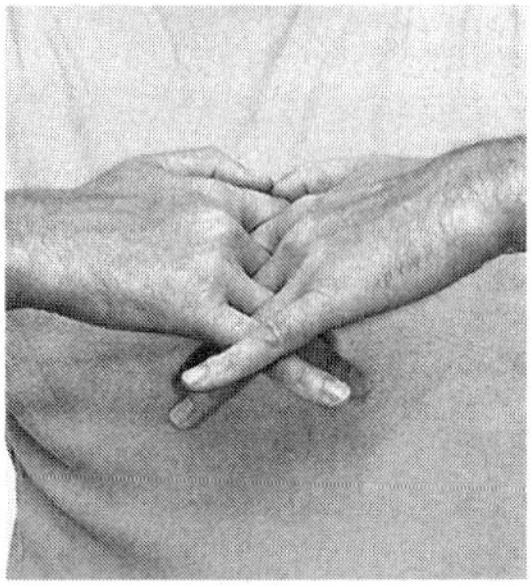

Die Finger beider Hände
werden nach unten
verschränkt, beide
Handrücken nach oben.

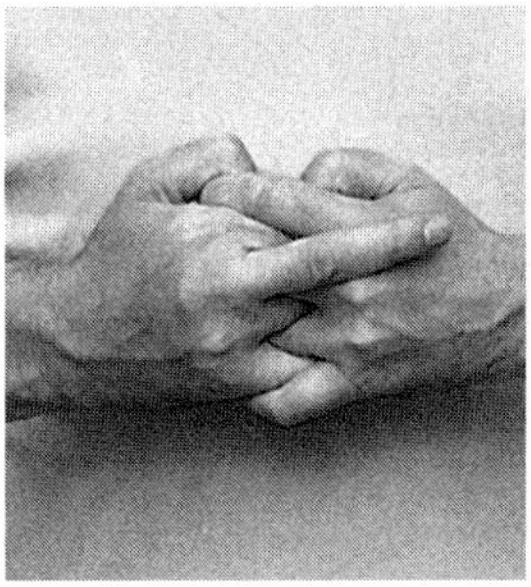

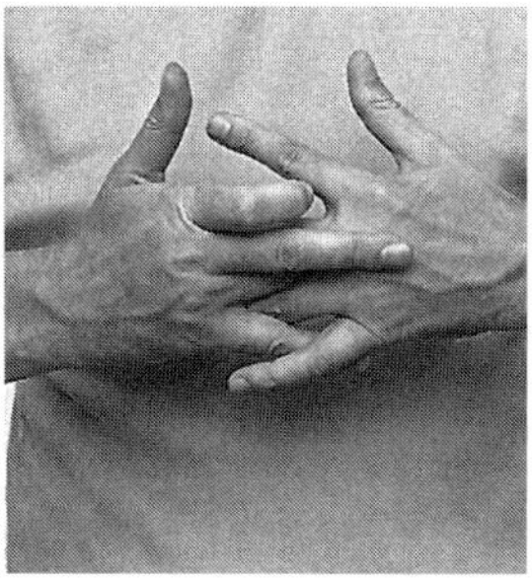

Dabei bleibt,
ohne daß es das Kind
sieht, ein Mittelfinger
oben liegen.

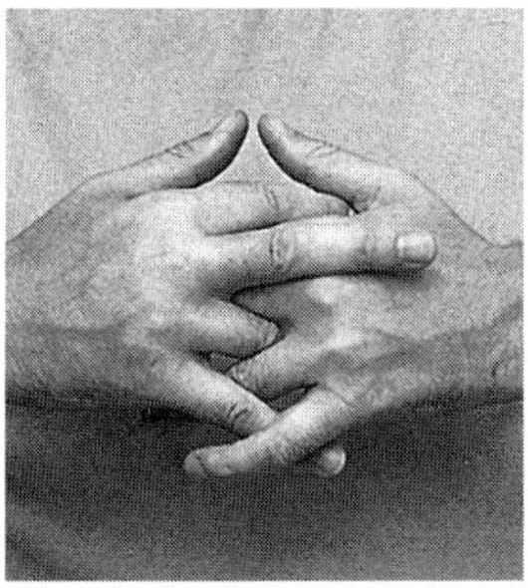

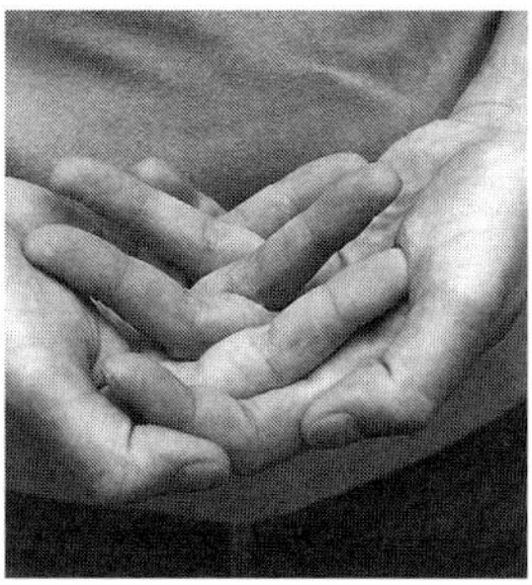

Die verschränkten
Hände werden nach
oben gedreht, so
daß die Finger nun
gezählt werden können,
es sind und bleiben
neun!

überliefert

Fingerflechten

Die Finger werden alle so übereinandergelegt, daß eine Art Flechtmuster entsteht. Beim Vormachen haben die Erwachsenen meist größere Schwierigkeiten als die Kinder beim Nachmachen. Also: Mittelfinger über den Zeigefinger, Ringfinger über den Mittelfinger und schließlich der kleine Finger auf den Ringfinger! Bei kleinen Händen klappt das noch nicht so gut.

überliefert

Kapitel 8

Und dann mit der Sprache spielen

Selber dichten

Geräusche

Das Auto macht brumm-brumm. — *Bewegung mit der Faust, waagerecht*
Die Biene macht summ-summ. — *Daumen / Zeigefinger schnell bewegen*
Der Wecker macht ring-ring. — *Hände zeigen einen Kreis*
Die Glocke tönt bimm-bimm, — *mit dem Arm pendeln*
und hier die / der kleine … — *Namen des Kindes nennen*
die / der macht ganz laut … — *Kind macht ein Geräusch*

Raimund Pousset

Der kleine Reiter

Nun wart nur, kleiner Reiter,
der (die) … kann's noch weiter.
Fällt er (sie) auf die Steine,
dann tun ihm (ihr) weh die B… (Beine).

Das Kind kann / soll ergänzen.

Fällt er auf die Straße,
dann blutet ihm die N... (Nase).
Fällt er in das Gras,
dann wird der Reiter n... (naß).
Fällt er in das Wasser,
so wird er immer n... (nasser).
Fällt er in den Teich,
dann schreit der Reiter g... (gleich).
Fällt er von der Leitcr,
so schreit er immer w... (weiter).
Fällt er in den Strauch,
dann tut ihm weh der B... (Bauch).
Fällt er in die Wicken,
so tut ihm weh der R... (Rücken).
Fällt er in den Klee,
schreit er gleich o w... (weh).
Fällt er auf die Weise,
trifft er dort die L... (Liese).
Mit der spielt er dann Katz und M... (Maus),
und hier ist die Geschichte a... (aus).

überliefert

Kettengedicht

das Kind antwortet

Eine schneeweiße Taube flog übers Haus.
Wo ist das Haus?
Das Feuer hat's verbrannt.
Wo ist das Feuer?
Das Wasser hat's gelöscht.
Wo ist das Wasser?
Der Ochs hat's gesoffen.

Wo ist der Ochs?
Der Metzger hat ihn geschlachtet.
Wo ist der Metzger?
Er sitzt am Tisch und brummt
zufrieden:
mmh, mmh, mmh!
überliefert

Die kleine Hex

Kind ergänzt das Reimwort

Morgens früh um sechs
kommt die kleine Hex,
morgens früh um sieben
schabt sie gelbe ... (Rüben),
morgens früh um acht
wird Kaffee ... (gemacht),
morgens früh um neune
geht sie in die ... (Scheune),
morgens früh um zehne
putzt sie ihre ... (Zähne),
feuert an um elfe,
kocht dann bis um zwölfe
Fröschebein und Krebs und Fisch.
Hurtig, Kinder, kommt zu ... (Tisch)!
überliefert

Was denkt die Maus am Donnerstag?

Ein Kind nennt die Wochentage. Oder der Text wird mit verteilten Rollen vorgetragen.

Kind: Was denkt die Maus am Donnerstag,
alle: am Donnerstag, am Donnerstag?
Kind: Dasselbe wie an jedem Tag,
alle: an jedem Tag, an jedem Tag.
Zweites Kind: Was denkt die Maus an jedem Tag,
Erwachsener: am Dienstag, Mittwoch,
Donnerstag
alle: und jeden Tag, und jeden Tag?
Erwachsener: Oh, hätte ich ein Wurstebrot
mit ganz viel Wurst
und wenig Brot!
Oh, fände ich zu meinem Glück,
ein riesengroßes Schinkenstück!
Das gäbe Saft,
das gäbe Kraft!
Da wär ich bald nicht mehr mäuschenklein,
da würd ich bald groß wie ein Ochse sein.
Doch wär ich erst so groß wie ein Stier,
dann würde ein tapferer Held aus mir.
Das wäre herrlich,
das wäre recht –
und der Katze,
der Katze
ginge es schlecht!

Josef Guggenmos

Maienkäfer

das Kind gibt die Antwort

Sag mir, du Siebenschläfer:
Wie träumt der Maienkäfer?
«Mum, mum.»
Wie lacht der Maienkäfer?
«Hum, hum.»
Wie spricht der Maienkäfer?
«Rum, rum.»
Wie singt der Maienkäfer?
«Sum, sum.»
Wie zankt der Maienkäfer?
«Brum, brum.»

Friedrich W. Güll

Reim dir deinen Witz

Kind beendet die «Witze» ähnlich wie in der Klammer.

Ich weiß 'nen Witz von einem Schwein,
das schlief beim Fernsehn einfach ... (ein).

Ich weiß 'nen Witz von einem Tiger,
der war im Rollschuhfahren ... (Sieger)!

Ich weiß 'nen Witz von einem Wal,
der strickte sich 'nen ... (Superschal).

Ich weiß 'nen Witz von einem Pfau, ...
Frau, blau, Bau, schau
und so weiter und so zu.
Wie geht's weiter? –
Das sagst du!

Monika Karpf-Achtélik

Der Ball der Tiere

das Kind nennt die Reimwörter

Wir geben einen Ball! sagte die Nachtigall.
Was werden wir speisen? fragten die …
(Meisen).
Strudel, kreischte der … (Pudel)!
Was werden wir trinken? sangen die …
(Finken).
Bier, brüllte der … (Stier)!
Wein, grunzte das … (Schwein)!
Kümmel, wieherte der … (Schimmel)!
Ach, Tee, bat das … (Reh)!
Werden wir tanzen? sangen die … (Wanzen).
Wer wird uns was blasen? fragten die …
(Hasen).
Ein Frosch wird flöten! unkten die … (Kröten).
Wie lange? fragte die … (Schlange).
Bis zwölf! heulten die … (Wölf).
Aber wo? fragte der … (Floh).
Im Jägerhaus! piepste die … (Maus).
Und damit war die Sitzung … (aus)!

überliefert

Ein Kasper ohne Mütze

Ein Kasper ohne Mütze
ist wie Regen ohne ... (Pfütze).
Ein Teddy ohne Bauch
ist wie ein Schornstein ohne ... (Rauch).
Eine Schnecke ohne Haus
ist wie eine Katze ohne ... (Maus).
Ein Nashorn ohne Nase
ist wie ein Strauß, bloß ohne ... (Vase).
Ein Spiegel ohne Glas
ist wie ein Dachrohr ohne ... (Faß).
Winterschnee ganz ohne Flocken
ist wie ein Fuß ohne den ... (Socken).
Eine Türe ohne Schloß
ist wie ein Reiter ohne ... (Roß).
Ein Mund ohne Zähne
ist wie ein Pferd ohne ... (Mähne).
Ein Hase ohne Ohren
ist wie Haut ohne ... (Poren).
Ein Frosch ohne Teich
ist wie ein König ohne ... (Reich).
Ein Drachen ohne Leine
ist wie ein Stuhl, doch ohne ... (Beine).
Ein Streichholz ohne Kopf
ist wie ein Mädchen ohne ... (Zopf).

Raimund Pousset

Tierstimmenkonzert

(Dem Konzert sind leicht weitere Tierstimmen hinzuzufügen. Die Kinder lernen hier auch die einzelnen Tierstimmen mit dem richtigen Verb zu bezeichnen.)

Erw.: Eine Kuh macht …
Kind: muh – muh!
Erw.: … muht im Nu ohne Ruh.
Und wie macht ein Hahn?
Kind: Kikeriki!
Erw.: … kräht so laut wie noch nie.
Und wie macht ein Hund?
Kind: wau – wau!
Erw.: … bellt sich rauh nach seiner Frau.
Und wie macht ein Schaf?
Kind: mäh – mäh!
Erw.: … blökt seit je laut und zäh.
Und wie macht eine Katze?
Kind: miau – miau!
Erw.: … maunzt ganz schlau. «Mir vertrau!»
Und wie macht …

Reimgeschichte

Kinder reimen sehr gern, und in einer Gruppe reimt es sich besonders lustig und bunt. Eine beliebte Kinder-Reimgeschichte ist: «Es war einmal ein Mann ...» Die wählen wir uns zum Vorbild. Um aber der Suggestion des (nicht einmal richtigen) Reims «der hatte einen Schwamm» zu entgehen, beginnen wir mit einer anderen Zeile, z. B.: «Es war einmal ein Kind» oder: «Es war einmal ein Hund». Jetzt sagt jedes Kind reihum eine neue Zeile dazu. Ein «Schreibkundiger» sollte alles aufschreiben – es kommt mit Sicherheit eine ganz phantastische Reimgeschichte dabei heraus, die dann noch illustriert werden kann.

Gundel Mattenklott

Die Vokal-Finger

Fa - Fe - Fi - Fo -Fu
Liebling (bzw. Name des Kindes),
raus bist du.
Raus bist du noch lange nicht,
sag mir erst ein Fu-Gedicht!
La - Le - Li - Lo - Lu ...
raus bist du.
Raus bist du noch lange nicht,
sag mir erst ein ... Gedicht!

Monika Karpf-Achtélik

Je nach Alter des Kindes kann an Stelle des «Fu-Gedichtes» die nächste nachfolgende Silbe, also hier z. B. La-Gedicht, genannt werden.

Internationaler Speisezettel

Der Spielpartner fordert ein oder mehrere Kinder auf, bestimmte Wörter für Speisen auf der ganzen Welt nachzusprechen, und erklärt anschließend, worum es sich bei diesen komplizierten Wörtern handelt. Bei den Stichwörtern «Deutschland», «Türkei» usw. setzen die Kinder selbst etwas ein. Besonders gut geeignet für den Kindergarten mit ausländischen Kindern, auch für die Grundschule!

Sag mal: Sukumawiki! –
Das essen die Kinder in Ost-Afrika. (1)
Sag mal: Salpicón-salchichón –
Das essen die Kinder in Lateinamerika. (2)
Sag mal: Gui-fei-njow-row –
Das essen die Kinder in Asien. (3)
Sag mal: Huruoa Torewai –
Das essen die Kinder in Australien. (4)
Und was essen die Kinder in Deutschland / in der Türkei / in Italien / Griechenland / Spanien?

(1) Kisuaheli: ein billiges, wohlschmeckendes Kohlgemüse, das das Haushaltsgeld bis ans Wochenende streckt (wiki = week, engl., die Woche)
(2) Spanisch: ein Reste-Essen mit Würstchen; gesprochen: salpikonsaltschischon.

(3) Chinesisch: gekochtes Rindfleisch mit Karotten, genannt: die elegante Königin; gesprochen: wie geschrieben, der «ow-Laut» klingt wie ein offenes «o» hin zum «a».
(4) Maori: Muschelsuppe der australisch-neuseeländischen Ureinwohner.

Raimund Pousset

Im Badezimmer

Erw.: Wie macht die Badezimmertür?
Kind: Quietsch – quietsch.
Erw.: Wie macht der Reißverschluß?
Kind: Ritsch – ratsch.
Erw.: Wie macht die Seife?
Kind: Flutsch – flutsch.
Erw.: Wie macht Shampoo im Auge?
Kind: Autsch – autsch.
Erw.: Wie macht der Taucher?
Kind: Gluck – gluck.
Erw.: Wie macht der Badewannenabfluß?
Kind: Blubb – blubb.
Weitere Lautmalereien aus allen möglichen Lebensbereichen lassen sich leicht finden.

Raimund Pousset

Sportwiele weim Baschen

Wir verstellen jeweils die Anfangsbuchstaben zweier aufeinanderfolgender oder zusammengesetzter Wörter bzw. die Silbenanfänge in mehrsilbigen Wörtern, z. B.:

statt Frotteetuch – Trotteefuch
statt Waschlappen – Laschwappen
statt Gesicht waschen – Wesicht gaschen
statt Zahnbürste – Bahnzürste
statt Wattestäbchen – Stattewäbchen
statt Lebertran – Treberlan
Wer findet weitere lustige Unsinnwörter?

Raimund Pousset

Kauderwelsch und Lautsymphonie

Wir unterhalten uns in einer fremden Sprache, die wir uns selbst ausdenken, versuchen, freundliche Worte zu erfinden, beschimpfen uns. Dann sucht sich jeder ein Wort aus, in dem nur der Buchstabe «a» vorkommt. Am schönsten sind schwierige Wörter wie Madagaskar, Katamaran, Astrachan und Malaga, aber es gibt auch leichtere wie Arm, Ananas, Axt, Ara und Mama. Nun fängt der erste an, sein Wort zu sprechen: laut, leise, flüsternd, kurz, gedehnt ... Fühlt er sich zu allein, stößt er den nächsten an, der nun sein Wort auch spricht usw. Wenn alle sprechen, stößt der, der angefangen hat, wieder seinen Nachbarn an. Der verstummt, und so geht es reihum, bis wieder Stille eingekehrt ist. Wir haben ein Lautbild mit Crescendo und Decrescendo gesprochen. Das gleiche kann mit anderen Vokalen wiederholt werden. Dieses Spiel macht aufmerksam auf den Klang- und Lautreichtum von Sprache und Stimme.

Gundel Mattenklott

Ich will euch was erzählen

Ich will euch was erzählen, gebt acht, so fängt es an:
Es war einmal ein schwarzer, kurzer, runder, bunter Mann,
der hatte schwarze, kurze, runde, bunte Hosen an.
Er war umgürtet mit einem schwarzen, kurzen, runden, bunten Schwert
und saß auf einem schwarzen, kurzen, runden, bunten Pferd.
Er ritt durch die schwarzen, kurzen, runden, bunten Straßen,
wo die schwarzen, kurzen, runden, bunten Kinder saßen.
Oh, ihr schwarzen, kurzen, runden, bunten Kinder, geht hinweg,
daß euch mein schwarzes, kurzes, rundes, buntes Pferd nicht schlägt!
Nicht wahr, wie von dem schwarzen, kurzen, runden, bunten Mann
ich euch so schwarz und kurz und rund und bunt erzählen kann?

überliefert

Graue Erbsen mit Speck

Man hält das Kinn des Kindes mit den Fingern fest, zieht es ein wenig nach unten und fordert das Kind auf: «Sag ein paarmal hintereinander:

‹Graue Erbsen mit Speck›.» Das Kind wird sich vergeblich bemühen und statt dessen merkwürdige Laute hervorbringen.

überliefert

Lautmalerei

Ein Auto fährt ins Tal **hinunter**
und keucht den Berg **hinauf** mit Qualm.

Am Steuer sitzt der **dicke** Gunther,
daneben Usch, **dünn** wie ein Halm.

Von **oben** brennt die Sonne mächtig,
tief **unten** glänzt das blaue Meer.

Uschs Laune auf der Fahrt ist **prächtig**,
der Gunther **stöhnt**: «Ich kann nicht mehr!»

Die vier Zweizeiler enthalten jeweils gegensätzliche Inhalte, die mittels lautmalerischer Mittel dargestellt werden sollen:
1. schnell – langsam, 2. dick – dünn, 3. hoch – tief, 4. gutgelaunt – mißgelaunt.
Je nach Entwicklung kann das Kind selbst versuchen, diese Begriffspaare lautmalerisch auszudrücken. Am Anfang ist dabei sicherlich Hilfestellung nötig. Leicht lassen sich weitere Wörter oder kurze Sätze lautmalerisch ausdrücken. Das Ganze läßt sich auch schriftlich / grafisch darstellen. Beispiel:

hinauf-hinunter

Raimund Pousset

Lügen- und Quatschgeschichten

Quatsch – genau

Der Kasper sprach zu seiner Frau:
«Jetzt mach ich Quatsch, hör hin genau!
Im Eisschrank wird das Eis gekühlt,
mit Schuhkrem wird Geschirr gespült.
In Nudelsuppe schwimmt ein Fisch,
im Badezimmer wasch ich mich.
Am Auto ist ein Wasserhahn,
zum Bauen nimmt man einen Kran.
Die Bienen legen Hühnereier,
ein Baby kriegt bald Manfred Meier.
Die Ochsen werden nie gemolken,
der Vogel Strauß fliegt zu den Wolken.»

Raimund Pousset

Das Kind entscheidet nach jeder Zeile, ob es sich um sinnvolle oder Nonsens-Sätze handelt. Es kommentiert «Quatsch» oder: «genau». Der Schwierigkeitsgrad wird gesteigert. Kinder und Erwachsene sollen / wollen / können das Spiel um eigene Sätze, auch nichtgereimte, erweitern.

Eine Kuh, die saß im Schwalbennest

Eine Kuh, die saß im Schwalbennest
mit sieben jungen Ziegen,
sie feierten ihr Jubelfest
und fingen an zu fliegen.
Der Esel zog Pantoffeln an,
ist übers Haus geflogen,
und wenn das nicht die Wahrheit ist,
so ist es doch gelogen.

Gustav Falke

Des Abends, wenn ich früh aufsteh

Des Abends, wenn ich früh aufsteh,
des Morgens, wenn zu Bett ich geh,
dann krähen die Hühner, dann gackert der Hahn,
dann fängt das Korn zu dreschen an.

Die Magd, die steckt den Ofen ins Feuer,
die Frau, die schlägt drei Suppen in die Eier,
der Knecht, der kehrt mit der Stube den Besen,
da sitzen die Erbsen, die Kinder zu lesen.

Der Stall ist aus dem Pferde geloffen,
der Branntwein hat sich am Bauern versoffen,
arg haben die Linsen die Mäuse zerbissen,
die Hosen haben den Peter zerrissen.

O weh, wie sind mir die Stiefel geschwollen,
daß sie nicht in die Beine nein wollen!
Nimm drei Pfund Stiefel und schmiere das Fett,
dann stelle mir vor die Stiefel das Bett!

überliefert

Der weiß-blaue Blutvampir

Ins Schloß von Großfürst Wladimir
schlich nachts ein **weißer** Blutvampir.
Er sucht' den Fürst im Schlafe hier,
der – voll von Wein und starkem Bier –
schnarcht' laut in seinem Schloßquartier.

Voll transsylvanischer Begier,
schlägt unser bleicher Blutvampir
in Großfürsts Hals der Zähne vier;
saugt von dem **blauen** Elixier
der großfürstlichen Adelszier.

Der Fürst schreckt hoch; **weiß** wie Papier
ruft sterbend er den Offizier.
«Zu spät», jauchzt da der Blutvampir,
«am Hals trägst du mein Mal an dir.
Das – Sire – ist unser Souvenir!»

Und seitdem, Kinder – glaubt es mir –,
spukt dort ein **blauer** Blutvampir.

Raimund Pousset

Bei Frau Pampe

Bei Frau Pampe,
der alten Schlampe,
brannte
auf der Rampe
eine Lampe,
bis Frau Pampe,
die alte Schlampe,
erkannte,
daß auf der Rampe
eine Lampe
brannte
und Frau Pampe,
die alte Schlampe,
besagte Lampe –
ausknipstc!

Raimund Pousset

Auf Irlands Klippen

Einst stand in Irland –
nah am Abgrund einer Klippe –
halbverrostet eine Wippe.
Auf ihr saßen zwei Gerippe
aus der Schloßgespenstersippe,
die dort klappernd irre wippten
bis sie um zum Abgrund kippten!
Heut' sieht man nur noch eines wippen,
einsam dort auf Irlands Klippen.

Raimund Pousset

Dunkel war's

Dunkel war's, der Mond schien helle,
Schnee lag auf der grünen Flur,
als ein Wagen blitzeschnelle
langsam um die Ecke fuhr.

Drinnen saßen stehend Leute,
schweigend ins Gespräch vertieft,
als ein totgeschoßner Hase
auf der Sandbank Schlittschuh lief.

Und ein blondgelockter Jüngling
mit kohlrabenschwarzem Haar
saß auf einer blauen Kiste,
die rot angestrichen war.

Dieser sprach zu seiner Tante,
die schon längst gestorben war:
«Augen hast du wie Korallen,
alle Ochsen gleichen dir!»
überliefert

Schnützelputz-Häusel

So geht es in Schnützelputz-Häusel,
da singen und tanzen die Mäusel
und bellen die Schnecken im Häusel.
In Schnützelputz-Häusel, da geht es sehr toll,
da saufen sich Tisch und Bänke voll,
Pantoffeln unter dem Bette.

So geht es in Schnützelputz-Häusel usw.
Es saßen zwei Ochsen im Storchennest,
die hatten einander gar lieblich getröst
und wollten die Eier ausbrüten.

So geht es in Schnützelputz-Häusel usw.
Es zogen zwei Störche wohl auf die Wacht,
die hatten ihre Sache gar wohl bedacht,
mit ihren großmächtigen Spießen.

So geht es in Schnützelputz-Häusel usw.
Ich wüßte der Dinge noch mehr zu sagen,
die sich in Schnützelputz-Häusel zutragen,
gar lächerlich über die Maßen.
überliefert

Die Tiere machen Karneval

Die Tiere machen Karneval
zu Marburg an der Lahn.
Der Hahn trägt einen Regenschirm
und schreitet stolz voran.

Auf einem Fahrrad fährt der Bär,
in Stiefeln kommt der Ackergaul,
die Gans hält einen Luftballon,
die Kuh hat einen Pfeil im Maul.

Und wenn sie auf dem Berge sind,
hoch oben vor dem Schloß,
dann singen sie, dann tanzen sie,
im Takte stampft das Roß.

überliefert

Lüge, nichts als Lüge

Ich saß auf einem Baum und aß Pflaumen.
Die Steine spuckte ich einer Frau auf den Kopf.
Als sie mich sah, rief sie: «Komm mal her!»
Ich verstand: «Spuck noch mehr!»

Dann ging ich zum Hafen.
Dort lagen drei Schiffe:
ein rotes, ein grünes und eins, das nicht da war.
Ich setzte mich in das, das nicht da war,
und fuhr nach Amerika.
Dort stand ein Mann und rief:

«Leute, kauft Nüsse!»
Ich aber verstand: «Leute, klaut Nüsse!»

Da kam ein Polizist und rief: «Komm mal her!»
Ich aber verstand: «Klau noch mehr!»
Und klaute, bis mir die Taschen platzten.

Dann kam ich in eine Kirche.
Da sang der Pfarrer: «Halleluja!»
Ich aber verstand: «Es ist kein Stuhl da!»
Also setzte ich mich auf den Altar.

Da rief der Pfarrer: «Was machst du, du Wurm!»
Ich aber verstand: «Ab, auf den Turm!»
Als ich auf dem Turm war,
sah mich meine Mutter und rief:
«Bist du verrückt?»
Ich aber verstand: «Komm zurück!»
und flog zu ihr durch die Luft.

überliefert

Vorigen Handschuh verlor ich meinen Herbst

Vorigen Handschuh verlor ich meinen Herbst,
da ging ich ihn finden, bis ich ihn suchte.
Da kam ich an eine Guckte und schluchte hinein,
da saßen drei Stühle auf drei großen Herren,
da nahm ich meinen guten Tag und sagte:
Guten Hut, meine Herren,
da bring ich drei Paar Strümpfe
auf drei Pfund Garn,
sie sollten morgen fertig werden,
daß ich sie heut noch anziehen kann.

überliefert

Das Lügenmärchen

Ich will euch erzählen und will auch nicht lügen:
Ich sah zwei gebratene Ochsen fliegen,
sie flogen gar ferne –
sie hatten den Rücken gen Himmel gekehrt,
die Füße wohl gegen die Sterne.

Ein Amboß und ein Mühlenstein,
die schwammen bei Köln wohl über den Rhein,
sie schwammen gar leise –
ein Frosch verschlang sie alle beide
zu Pfingsten wohl auf dem Eise.

Es wollten vier einen Hasen fangen,
sie kamen auf Stelzen und Krücken gegangen,
der erste konnte nicht sehen,
der zweite war stumm, der dritte war taub,
der vierte konnte nicht gehen.

Nun denke sich einer, wie dieses geschah:
Als nun der Blinde den Hasen sah
auf grüner Wiese grasen,
da rief's der Stumme dem Tauben zu,
und der Lahme erhaschte den Hasen.

Es fuhr ein Schiff auf trockenem Land,
es hatte die Segel gen Wind gespannt
und segelt im vollen Laufen –
da stieß es an einen hohen Berg,
da tät das Schiff ersaufen.

In Straßburg stand ein hoher Turm,
der trotzte Regen, Wind und Sturm
und stand fest über die Maßen.
Den hat der Kuhhirt mit seinem Horn
eines Morgens umgeblasen.

Ein altes Weib auf dem Rücken lag.
Sein Maul wohl hundert Meter weit auftat,
's ist wahr und nicht erlogen,
drin hat der Storch fünfhundert Jahr
seine Jungen großgezogen.

So will ich hiermit mein Liedlein beschließen,
und sollt's auch die werte Gesellschaft verdrießen,
will trinken und nicht mehr lügen:
Bei mir zu Land sind die Mücken so groß
als hier die größten Ziegen.

Ernst Moritz Arndt

Im Böhmerwald

In dem Böhmerwald,
da gehn die Küh auf Stelzen,
die Ziegen haben Pantoffeln an,
die Ochsen kann ich melken.

überliefert

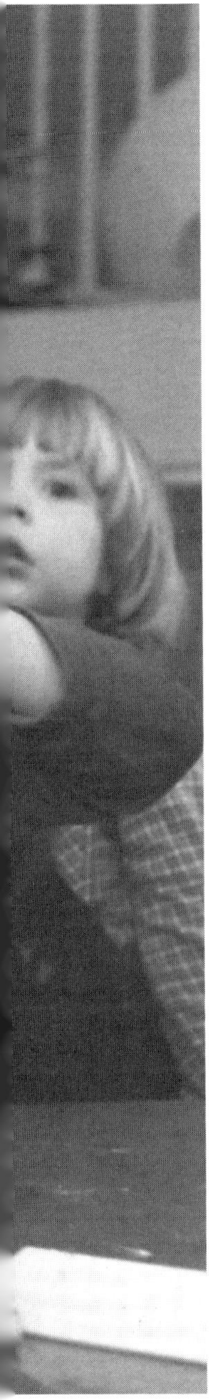

Kapitel 9 Spiellieder und kleine Balladen

Spaghetti – paletti

Es sprach ein Pfund Spaghetti:
«Seht, alles ist paletti!
Für Kleine und für Große
gibt's leck're Käsesoße
aus Gorgonzola forte,
dem von der feinsten Sorte!»

Da sprach die flotte Pizza:
«Wer niemals einen Witz sah,
der schau sich an die Klöße,
die machen Menschen böse.
Ich bringe – ohne Lügen –
den Menschen viel Vergnügen!»

Da sprach die Herbstkartoffel:
«Die Pizza ist ein Stoffel!
Die Klöße sind aus mir gemacht
und schmecken fein, das wär gelacht.
Und das ist nun kein Witz:
aus mir macht man Pommes frites!»

Das Gedicht eignet sich für die Aufführung eines kleinen Theaterspiels, z. B. am Kindergeburtstag oder im Kindergarten. Die Kinder stellen sich geeignete Verkleidungen her. Der Text wird mit verteilten Rollen gesprochen. Ein Erwachsener übernimmt den Part des Erzählers. Kleine Kinder können ihren Text auf Kassette sprechen und bei der Aufführung zu ihrem Text die entsprechenden Bewegungen machen.

Da tönte das Gemüse,
das Stimmchen voller Süße:
«Der Streit darum ist wirklich fad,
der Mensch braucht das, was ich nur hab.
In mir steckt das Normale:
ein Dutzend Minerale!»

Da knurrte laut des Metzgers Fleisch:
«Ich glaub, euch ist die Birne weich!
Was wär ein festlich Essen,
bei dem man mich vergessen?
Ich bin ohn' Fehl und Tadel,
bring jeder Tafel Adel!»

Zuletzt hob an das frische Obst:
«Entsetzlich, wie du dich hier lobst!
Das geht mir an die Nieren
bei so viel toten Tieren.
Nur wir dem Menschen dienen
mit unsren Vitaminen!»

Zuallerletzt das Wasser rief:
«Ach, ohne mich geht alles schief!
Ich bin es, meine Flüssigkeit
macht, was ihr habt, doch erst bereit
zu der Verdauung von Eiweiß
und Fett und Zucker, wie man weiß!»

Derweilen ward der Mensch ganz krank,
es hungert ihn, ohn' Speis und Trank.
Er schleppt sich hin, ganz dürr und schlank,
holt Pillen sich aus seinem Schrank.

Dann brach er auf zum letzten Gang,
ins Bett er mausetot hinsank.

Das hat die Nahrung doch erschreckt,
man hat die Köpf zusammengesteckt.
«Das haben wir doch nicht gewollt,
daß sich der Mensch von Erden trollt.
Zusammen wolln wir halten
und unsre Kraft entfalten!»

Der Mensch, der wurde angefaßt.
Man hört sie rufen: «Aufgepaßt!
Zieh fest! – Du schieb! – und du da drück!»
Dem Menschen kehrt die Kraft zurück.
Ein Wunder ist geschehen –
der Mensch kann wieder gehen!

Raimund Pousset

Pantomimische Versuche

Große Uhren gehen tick tack

Das Ticken entweder mit den Händen, dem Kopf oder den Beinen in entsprechend unterschiedlichem Takt nachahmen oder nur die Finger dazu nehmen und das unterschiedliche Tempo auf dem Tisch klopfen.

Große Uhren gehen tick tack, tick tack,
kleine Uhren gehen tick tack, tick tack,
tick tack, tick tack,
und die kleinen Taschenuhren ticke tacke,
ticke tacke, ticke tacke, tick.

Text und Melodie: Karl Karow (1790–1863)

Wir spielen und fangen lustig an

Wir spielen, wir spielen
und fangen lustig an.
Und wenn der Daumen nicht mehr kann,
dann kommt der Zeigefinger dran.
Wir spielen, wir spielen
und fangen lustig an.

Der Finger, der genannt wird, pocht im Rhythmus des Liedes auf den Tischrand, alle Finger werden so gespielt, dann folgen:

die ganze Hand, (*mit flacher Hand schlagen*)
die Faust, (*mit der Faust schlagen*)
der Ellbogen, (*ebenso*)
die Füße, (*stampfen*)
der Kopf. (*nicken*)

überliefert

Hampelmann

Jetzt steigt Hampelmann,
jetzt steigt Hampelmann,
jetzt steigt Hampelmann
aus seinem Bett heraus.
Oh, du mein Hampelmann,
mein Hampelmann, mein Hampelmann,
oh, du mein Hampelmann,
wie schön bist du!

überliefert

Jetzt kämmt Hampelmann sich seine Haare glatt. *kämmen*
Oh, du mein Hampelmann ...
Jetzt wäscht Hampelmann sich sein Gesicht
allein.
Oh, du mein Hampelmann ... *hampeln*

Jetzt putzt Hampelmann sich seine Zähne weiß. *ohne Wasser gurgeln*
Ar-r-r-r-rr ...

Jetzt cremt Hampelmann sich seine Hände ein.
O, du mein Hampelmann ... *hampeln*

Jetzt legt Hampelmann sich lieber wieder hin.
Ah-ah-h-h-a-a ... *sich hinlegen und gähnen*

Raimund Pousset

Weitere Tätigkeiten lassen sich hier finden. Es läßt sich auch eine fortlaufende Geschichte erfinden, z. B.: «Dann reist Hampelmann ins ferne Afrika.»

Die Frösche

Ein großer Teich war zugefroren.
Die Fröschlein, in der Tiefe verloren,
durften nicht ferner quaken noch springen,
versprachen sich aber im halben Traum,
fänden sie nur da oben Raum,
wie Nachtigallen wollten sie singen.
Der Tauwind kam, das Eis zerschmolz,
nun ruderten sie und landeten stolz
und saßen am Ufer weit und breit
und – quakten wie vor alter Zeit.

J. W. von Goethe

Mein Auto springt nicht an

Pantomime: Zwei nebeneinandergestellte Stühle stellen die Autos dar. Die Kinder sind entweder Fahrer, die vergeblich versuchen, das Auto in Gang zu kriegen, oder Nachbarn, die mit dem Reservetank (Pantomime) warten, bis sie an der Reihe sind. Wenn der Nachbar Benzin eingefüllt hat, setzt er sich auf den Beifahrersitz und fährt mit (3. Strophe).

rrrrrr! Mein Auto springt nicht an! Tut-tut!
Was ist bloß schuld daran? Tut-tut!
Der Schlüssel steckt, der Gang ist drin,
die Bremse los,
was fehlt da bloß?
O Schreck, es fehlt Benzin!

Benzinkanister her! Tut-tut!
So'n Pech, das Ding ist leer. Tut-tut!
Der Nachbar kommt mit seinem Tank,
macht mit dem Sprit
mein Auto fit,
nun fährt es. Vielen Dank!

Rose Götte

Als dritte Strophe wird die Melodie auf rrr ... gesungen (rollendes r). Nur die Hupe (tut-tut) wird beibehalten.

Petersilje Suppenkraut

Petersilje Suppenkraut
wächst in unserm Garten.
Unser Annchen* ist die Braut,
soll nicht lange warten.
Roter Wein und weißer Wein,
morgen soll die Hochzeit sein.
überliefert

** Statt «Annchen» wird der richtige Name des Mädchens eingesetzt.*

Gehorsamer Diener

Gehorsamer Diener!
Was machen Ihre Hühner?
Legen sie brav Eier?
Hat die Magd auch Freier?
Was macht denn Ihr Hund?
Ist die Katze noch gesund?
Was macht der Herr Sohn?
Ist er auf und davon?
Sagt, ich lass ihn grüßen
vom Kopf bis zu den Füßen,
von den Füßen bis zum Bauch,
eine gute Nacht wünsch ich auch.
überliefert

Frau von Hagen

Frau von Hagen,
darf ich's wagen,
Sie zu fragen,
wieviel Kragen
Sie getragen,
als sie lagen,
krank am Magen,
im Spital zu Kopenhagen?
überliefert

Der Kuckuck auf dem Zaune

Der Kuckuck auf dem Zaune saß,
es regnet sehr, und er ward naß.
Da kam ein hoher Sonnenschein,
der Kuckuck, der ward hübsch und fein.
Dann schwang er sein Gefieder
wohl übern See hinüber.
Kuckuck, Kuckuck, Kuckuck.
überliefert

Auf des Bettelmanns Hochzeit

Widele, wedele,
hinterm Städele
hat der Bettelmann Hochzeit.
Pfeift das Läusele,
tanzt das Mäusele,
's Igele schlägt die Trommel.

Alle die Tiere, die Wedele haben,
sollen zur Hochzeit kommen.

Text: aus «Des Knaben Wunderhorn»
Melodie: aus Schwaben

Maikäferlied

Maikäfer, flieg,
der Vater ist im Krieg,
die Mutter ist im Pommerland*,
und Pommerland ist abgebrannt.
Maikäfer, flieg.

überliefert

** eigentlich «Hollerland» oder «Holdaland», nach der germ. Sage, wo der letzte Krieg, der Weltenbrand, zwischen Göttern und Riesen stattfindet. Der Maikäfer ist ein Frühlingssymbol.*

Sieben Damen und Herren

Grüß euch, Herr Montag,
was macht die Frau Dienstag?
Nix G'scheits, Herr Mittwoch!
Die Frau Donnerstag
läßt dem Herrn Freitag sagen,
die Frau Samstag
soll zum Herrn Sonntag
zum Essen kommen –
am Montag!

überliefert

Ein Hund lief in die Küche

Ein Hund lief in die Küche
und stahl dem Koch ein Ei.
Da nahm der Koch den Löffel
und schlug den Hund entzwei.

Da kamen alle Hunde
und gruben ihm ein Grab
und setzten ihm den Grabstein,
worauf geschrieben ward:
Ein Hund lief in die Küche
und stahl dem Koch ein Ei ... *Und so immerfort.*

überliefert

Zwiegespräch

«Guten Morgen, Fräulein Huhn!»
«Guten Morgen, Herr Hahn!»
«Was gedenken Sie zu tun?»
«Das geht Sie nichts an!»
«Wollen wir nicht etwas promenieren?»
«Danke, ich kann allein spazieren.»
«Sie haben wohl heute nicht gut geruht?
Oder macht's Ihnen böses Blut,
daß Sie noch keinen Regenwurm fanden?»
«Offen gestanden,
ich finde, Sie sind sehr aufdringlich, Sie!»
«Dumme Gans! Kikeriki.»

Gustav Falke

Lied der Schmutzmännchen

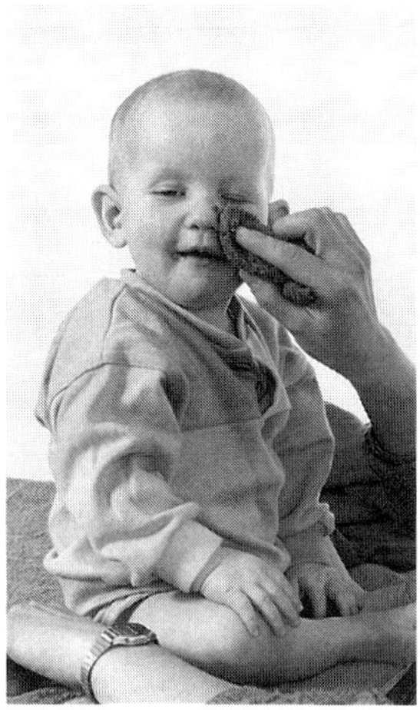

Wenn Ihr Kind sich nicht gerne baden oder waschen läßt, mag es vielleicht aber, daß die «Schmutzmännchen» in Liedbegleitung von seinem Körper gespült werden. Nehmen Sie dazu Ihr Kind mit in die Badewanne und halten ein Gieß- oder Schüttgefäß bereit. Singen Sie zwei- bis dreimal einen oder mehrere der folgenden Zweizeiler auf die Melodie «Ein Vogel wollte Hochzeit machen ...» oder «Der Hahn ist tot ...». Beim zweitenmal Singen – Ihre Stimme klingt aufsässig – gießen Sie das Wasser über die im Text angesprochene Körperpartie. Dabei «gurgeln» und «prusten» die Schmutzmännchen entsetzlich. Schaffen es die Schmutzmännchen, sich festzuhalten, jubeln sie / Sie lauthals, etwa «Bravo!», «Geschafft!» oder «Das blöde Wasser kann uns nicht!». Und dann ermuntern Sie sie für den nächsten Guß, vielleicht so: «Festhalten, Leute!» oder «Achtung, das Wasser kommt!» Spätestens mit diesem letzten Guß fahren die Schmutzmännchen mit markerschütterndem Schrei in den Orkus. Natürlich können Sie zum Aufwärmen auch Ihren eigenen Körper begießen oder aus dem Wasserguß langsam den Waschlappen werden lassen.

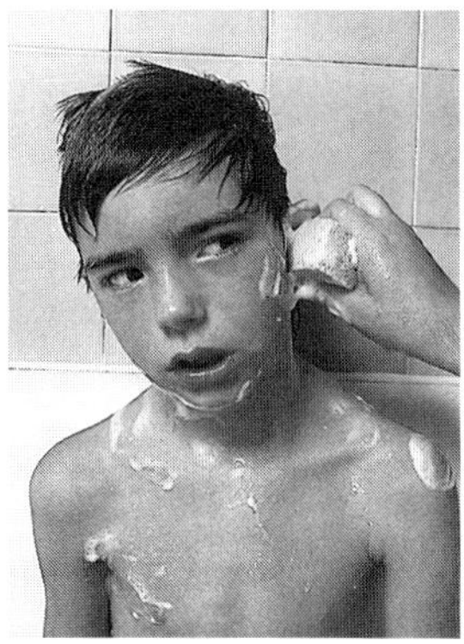

Wir kleben hinterm Ohr,
da holt uns niemand vor.

Wir kleben an der Nase,
trotz jeder Wasserphase.

Wir kleben in den Haaren
und leben hier seit Jahren.

Wir kleben hier am Kinn,
da kommt kein Wasser hin.

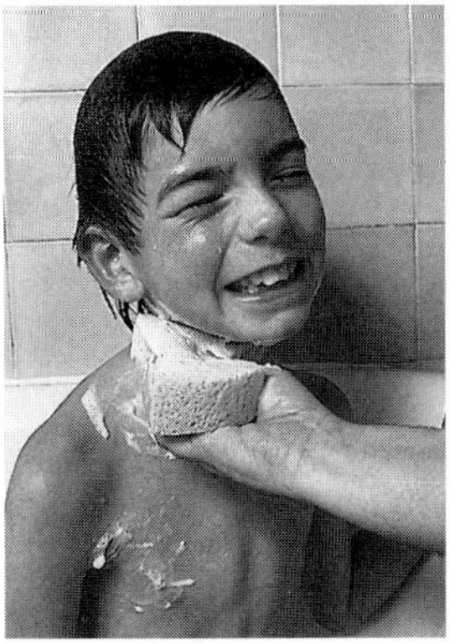

Wir kleben an der Stirn,
und halten fest wie Zwirn.

Wir kleben an den Augen,
da woll'n wir uns festsaugen.

Wir kleben an der Backe,
für uns bräucht' man 'ne Hacke.

Wir kleben hier am Hals
und bleiben jedenfalls.

Wir kleben hier am Arm
und halten uns schön warm.

Wir kleben auf der Hand
und halten allem Stand.

Wir kleben auf der Brust
und halten fest voll Lust.

Wir kleben auf den Rippen,
und uns kann keiner kippen.

Wir kleben auf dem Rücken
und bleiben ohne Lücken.

Wir kleben auf dem Bauch,
so ist's bei uns der Brauch.

Wir kleben hier am Steiß
und halten fest mit Fleiß.
Wir kleben hier am Po,
da bleib'n wir sowieso.

Wir kleben an der Muschi,
wer losläßt, ist ein Luschi.

Wir kleben hier am Pimmel,
wir woll'n nicht in den Himmel.

Wir kleben hier am Bein,
ertragen alle Pein.

Wir kleben hier am Knie
und haften fest wie nie.
Wir kleben an der Wade,
hier bleiben wir jetzt gerade.

Wir kleben hier am Knöchel
und bleiben mit Geröchel.

Wir kleben hier am Fuß,
hört unsern Klammer-Blues.

Wir kleben hier am Zeh,
weil Wasser tut nicht weh.

Raimund Pousset

Kleine Balladen

Der Lilienzweg

Hoch droben am Ottilienberg,
da lebt vergnügt ein Lilienzwerg.
Er winkt, wenn – was nicht oft geschieht –
ein Kind ihn dort am Berge sieht.
Er hat ein rotes Mützchen an,
ein Wams mit einem Gürtel dran.
Die Hose trägt er sehr manierlich
und Lederstiefelchen gar zierlich.
Trägt auf der Brust im blauen Kreis
drei Königslilien strahlend weiß.
Wie kommt's? – Es weiß doch jedes Kind,
daß Lilien Königszeichen sind!
In Frankreich war's vor vielen Jahren,
wo Lilienträger König waren.
Im Königsschloß war's hell und warm,
die Bauern waren bettelarm.
Sie schufteten fürs Königshaus
in Feld und Wald und auch zu Haus'.
Deshalb die Bauern jagten dort
den König und den Adel fort.

Der König floh mitsamt Familie;
zurück blieb nur die Fee Ottilie
mit ihrem Schützling Prinz Philippe,

der sich im Schrank versteckt, welch Glück!
Ottilie fand ihn tief im Schrank,
sie rief: «Mon dieu!» und «Gott sei Dank!»
Und hexte – Feenzauberwerk –
Philippe als Zwerg auf ihren Berg.
Ja, Frankreich ist das Heimatland,
von dem der Zwergenprinz herstammt.
Nur Kinder können ihn noch sehen,
weil Große so was nicht verstehen.
Mein Kind, wenn am Ottilienberg,
du triffst mal auf den Lilienzwerg,
dann grüße froh, du weißt es schon,
doch Frankreichs letzten Königssohn.

Raimund Pousset

Die Müllabfuhr

Am Montag kommt die Müllabfuhr
auf ihrer Mülleinsammeltour.
Holt Müll bei uns im Altstadtviertel,
von uns, von Schmidt und Müller-Hirtel.
Dem Müllauto bleibt keine Wahl,
weil unsre Gasse ist zu schmal:
es bleibt da oben brummend stehen.
Die Männer zu den Tonnen gehen.
Die roll'n sie dann mit lautem Krach
hin zu dem Laster, nach und nach.
Den Müll aus ein'gen klein'ren Hütten
sieht man sie schlau zusammenschütten.
Heut sind die schwarzen Tonnen dran,
in denen rollt der Restmüll an.

Am Dienstag rollen gelbe Tonnen,
weil Wertstoffmüll man hat ersonnen.
Und mittwochs holt man dann in Grün,
was als Kompost noch nützlich schien.
Am Donnerstag, in brauner Tonne,
erblickt nur Glas das Licht der Sonne.
Hoch schwingt die Tonne, unsre auch,
das Glas rutscht in des Untiers Bauch.
Doch Donnerstag, da ist's am tollsten,
weil Glastonnen sind stets am vollsten.
Das kracht und klappert, scheppert, klirrt,
daß alle Vögel sind verwirrt.
Ich schrei ganz laut, bin nicht zu hören,
sonst würde das Frau Schmidt wohl stören.
Am Freitag hat die Gasse Ruh,
jetzt mault mein Vater immerzu:
«Die Menschheit müßt sich mehr bescheiden,
dann ließe sich mehr Müll vermeiden!»

Vielleicht ist da schon etwas dran!
Doch denkt er auch, der gute Mann,
daß dann, wenn niemand holt mehr Müll und Glas,
mir fehlt der allergrößte Spaß?

Raimund Pousset

Der Hexen-Hustensaft

Vor Jahren traf ich eine Hex,
die bot mir an ein Stink-Gewächs,
mit Schleim der Kröte, Blut der Ratte
im Glas, bloß weil ich Husten hatte.
Igitt, pfui Spinne, ekelhaft
ist doch ein Hexen-Hustensaft.
Pfui Spinne, ekelhaft, igitt,
bei dem Gesöff mach ich nicht mit.
Da saß ich dumm und konnt' nicht sagen,
daß mir ihr Trank läg schwer im Magen.
Bestimmt würd' sie verzaubern mich,
schmiß ich ihr schönes Glas vom Tisch.
Igitt, pfui Spinne, ekelhaft
ist doch ein Hexen-Hustensaft.
Pfui Spinne, ekelhaft, igitt,
bei dem Gesöff mach ich nicht mit.

In meiner Not begann ich schlicht:
«Gell, eines kannst du sicher nicht:
wegzaubern – auch wenn's dir nicht paßt –,
was du mal gezaubert hast!»
Igitt, pfui Spinne, ekelhaft
ist doch ein Hexen-Hustensaft.
Pfui Spinne, ekelhaft, igitt,
bei dem Gesöff mach ich nicht mit.
Die Hexe lachte: «Kein Problem,
ich zeig's dir gern, ich bin bequem
und zauber fort, eh du's gerafft,
dein Glas mit gutem Hustensaft!»
Igitt, pfui Spinne, ekelhaft

ist doch ein Hexen-Hustensaft.
Pfui Spinne, ekelhaft, igitt,
bei dem Gesöff mach ich nicht mit.

Blitzartig stand ich auf und froh
küßt' ich die Hand und rannte, floh
wie arg gehetzt von tausend Hunden –
mein Husten ist seitdem verschwunden!
Igitt, pfui Spinne, ekelhaft
ist doch ein Hexen-Hustensaft.
Pfui Spinne, ekelhaft, igitt,
bei dem Gesöff mach ich nicht mit.

Raimund Pousset

Der kopflose Lord

Kennst du ein Schloß, wo Geisterwesen
durch Mauern geh'n und reiten Besen?
Wo Jonathan, der alte Lord,
so gerne spukt, als Ausgleichssport?
Wo er, mit Totenhemd und Charme,
trägt einfach seinen Kopf im Arm?
Huhu – huhuhu ...
Seit tausend und einhundert Jahren
ist Jonathan also verfahren.
Deshalb kam kein Mensch ins Schloß,
und nutzlos ist der Geisterboß.
Doch Tante Clara dachte sich:
«Was ist daran so fürchterlich?»
Huhu – huhuhu ...
So kam sie hin in das Gemäuer

und sucht das alte Ungeheuer.
Im Kerzenschein traf sie ihn gleich,
der gute Jonathan ward bleich,
sinkt am Kamin hernieder, stöhnt:
«An so was bin ich nicht gewöhnt!»
Huhu – huhuhu ...
Die Tante tut nun nicht dergleichen
und spricht, statt gleichfalls zu erbleichen:
«Komm her zu mir, du Geisterschreck,
ich wisch dir deine Tränen weg!»
Doch Jonathan heult sie bloß an:
«Du hast ja deinen Kopf noch dran!»
Huhu – huhuhu ...

Raimund Pousset

Wenn der Vater mit der Tochter ...

Wenn der Vater mit der Tochter in der Wanne sitzt,
und der Vater dann beim Planschen stöhnt, weil er verschwitzt,
ja, dann ruft die Tochter laut und lacht dabei verschmitzt:
«Besser, daß er mit mir planscht als mit dem Auto flitzt!»

Wenn der Vater mit der Tochter bei 'ner Pizza sitzt,
und der Vater dann beim Essen stöhnt, weil er verschwitzt,
ja, dann ruft die Tochter laut und lacht dabei verschmitzt:
«Besser, daß er mit mir ißt als mit dem Auto flitzt!»

Wenn der Vater mit der Tochter brav beim Basteln sitzt,
und der Vater dann beim Basteln stöhnt, weil er verschwitzt,

ja, dann ruft die Tochter laut und lacht dabei verschmitzt:
«Besser, daß er mit mir spielt als mit dem Auto flitzt!»

Wenn der Vater mit der Tochter auf dem Fahrrad sitzt,
und der Vater dann beim Radeln stöhnt, weil er verschwitzt,
ja, dann ruft die Tochter laut und lacht dabei verschmitzt:
«Besser, daß er mit mir fährt als mit dem Auto flitzt!»

Wenn der Vater mit der Tochter auf 'ner Schaukel sitzt,
und der Vater dann beim Schaukeln stöhnt, weil er verschwitzt,
ja, dann ruft die Tochter laut und lacht dabei verschmitzt:
«Besser, daß er mit mir schwingt als mit dem Auto flitzt!»

Wenn der Vater mit der Tochter in 'nem Baum drin sitzt,
und der Vater dann beim Klettern stöhnt, weil er verschwitzt,
ja, dann ruft die Tochter laut und lacht dabei verschmitzt:
«Besser, daß er mit mir steigt als mit dem Auto flitzt!»

Wenn der Vater mit der Tochter über Mathe sitzt,
und der Vater dann beim Rechnen stöhnt, weil er verschwitzt,
ja, dann ruft die Tochter laut und lacht dabei verschmitzt:
«Besser, daß er mit mir übt als mit dem Auto flitzt!»

Wenn der Vater mit der Tochter in ein Holz was ritzt,
und der Vater dann beim Ritzen stöhnt, weil er verschwitzt,
ja, dann ruft die Tochter laut und lacht dabei verschmitzt:
«Besser, daß er mit mir ritzt als mit dem Auto flitzt!»

Wenn der Vater mit der Tochter tief im Keller sitzt,
und der Vater dann vor Angst stöhnt, und er ist
verschwitzt,
ja, dann ruft die Tochter laut und lacht dabei verschmitzt:
«Besser, daß er bei mir hockt als mit dem Auto flitzt!»

Wenn der Vater mit der Tochter durch die Landschaft
flitzt,
und der Vater dann beim Joggen stöhnt, weil er
verschwitzt,
ja, dann ruft die Tochter laut und lacht dabei verschmitzt:
«Besser, daß er mit mir joggt als still im Auto sitzt!»

Raimund Pousset

Kapitel 10 Lieder für die Großen

Diese Lieder wenden sich an die Kinder
bis in die 2. Grundschulklasse hinein.

Ich schenke dir ein Lied

Mein Kind, ich schenke dir ein Lied,
es bleibt bei dir, was auch geschieht,
es tröstet dich in Dunkelheit
und schenkt dir stets Zufriedenheit.
Dieses Lied klingt ewig fort,
schenkt dir Glück an jedem Ort.

Mein Kind, die Farben schenk ich dir,
und schenk dir auch das Farbgespür.
Bring Farbe in dein Malen rein,
dann wird dein Leben fröhlich sein.
Deine Bilder machen so
dich und viele Menschen froh.

Mein Kind, ich schenke dir das Glück.
Was du verschenkst, kommt stets zurück,
verschenk ein Lied, verschenk ein Bild,
dann fühlst du, daß auf ewig gilt:
Dem nur bleibt das Glück auch treu,
der verschenkt sein Herz aufs neu.

Raimund Pousset

Morgenlied

Die Nacht sagt müde «tschüs» zum Morgen
und zieht zwei Wolken übers Ohr.
Die Sonne hört's, wo sie verborgen,
schiebt sich am Himmel hoch empor.

Strahlt auf die Stadt, auch in ein Fenster
und kitzelt dort zwei Mädchen wach.
Schnell fliehn die kleinen Nachtgespenster,
der Vater kommt herein mit Krach.

Er ruft: «Steht auf!» (was niemand nett fand).
Zwei Mädchen kriechen aus dem Bett.
Sie hocken maulend auf dem Bettrand,
vier Beine baumeln im Quartett.

Doch plötzlich nackte Füßchen patschen
auf blankgebohnertem Parkett,
die Mädchen sich zwei Puppen grapschen,
im Wettlauf geht's bis zum Klosett.

Raimund Pousset

Gummibärchen und so weiter ...

Gummibärchen, Pommes frites, Keks,
brauchen Kinder unterwegs.
Fehlen solche leckren Sachen
müssen Kinder Aufstand machen.

In der Pizzeria «Nizza»
gibt's die beste Kinderpizza.
Los, ihr Kinder, haut schnell rein,
gleich schon wird sie alle sein.

Viel Spaghetti mit Ketchup
schlingen Kinder gern hinab;
obendrauf noch Mayonnaise,
macht Gesichter bleich wie Käse.

Raimund Pousset

Das Meerschwein-Schwein

Einst trafen sich zwei Schweine,
ein jedes hatt' vier Beine
und Kopf und Leib und Ringelschwanz
– ein jedes Schwein war also ganz.

Das kleine sprach mit Zagen:
«He, Wildschwein, laß dir sagen:
Ich bin bestimmt mehr Schwein als du,
weil ich am Meer wohn! – Gibst du's zu?»

«Je nun», grunzt drauf das große,
«ein Streit wär Quatsch mit Soße.
Fortan sei ich als Schwein bekannt,
und du wirst Meerschweinchen genannt!»

Daß jeder Mensch auf Erden sieht
den schweinegroßen Unterschied,
legt' ab das kleine gar und ganz
den kringeligen Ringelschwanz.

Es färbt sein Fell noch weiß und braun,
so ist es herzig anzuschaun.
Und seitdem ist das Meerschwein hier
ein Kinder-Lieblings-Kuschel-Tier.

Raimund Pousset

Zwei Eier auf dem Weg zur Pfanne

Zwei Eier auf dem Weg zur Pfanne,
die rutschen stündlich eine Spanne
mit Vorsicht durch die Küchenwelt –
daß keines wo herunterfällt.

Sie sehn Geschirr, Besteck und Tassen,
sie riechen Essensduft – zum Hassen,
sie hören Menschenstimmen nah,
doch bloß zum Schlafen ist nichts da.

Nein, plötzlich hinter einer Kanne
sehn auf dem Herd sie eine Pfanne,
die lädt die zwei zum Schlafen ein,
die Platte scheint noch kalt zu sein.

Mit Anlauf sind sie hochgesprungen,
vom Rand gerutscht, das war mißlungen!
Ab geht's! Da bricht die Schal' entzwei –
schon braten sie als Spiegelei!

Raimund Pousset

Balduin, der Pinguin

Der Balduin, ein Pinguin,
lebt lange schon im Zoo Berlin.
Einst wollt er nach Italien ziehn,
dorthin, wo stets die Sonne schien.

So blieb im Zoo sein Anorak,
er trug bloß den Antarktis-Frack.
Im Süden brennt die Sonne heiß,
in Balduins Frack tropft der Schweiß,

zur Kühlung fehlt Antarktis-Eis,
er sinkt zu Boden käseweiß.
In Reih und Glied grillt er am Strand,
wälzt schwitzend sich im heißen Sand.

Der Balduin denkt: «Jeh und oh,
ein Pinguin wird hier nicht froh!»
So kehrt er heim in seinen Zoo,

die andern grinsen schadenfroh.
Den Balduin, das Urlaubs-Wrack,
den zwickt und zwackt ein Sonnenbrand
auf Flügeln, Kopf und auch am – Po!

Raimund Pousset

Der Maulwurf

Ein Maulwurf liegt erkrankt im Bett
seit einundzwanzig Tagen,
nimmt Pillen ein, grün-violett,
er hat da was am Magen.

Er fühlt sich mutterseelallein,
ach, niemand kommt ihn kraulen,
ganz stumm liegt er tagaus, tagein,
als Maulwurf muß er maulen.

So mault er denn still vor sich hin,
mault ohne ein Verschnaufen,
am Abend liegt – schön mittendrin –
im Bett ein Maulwurfshaufen.

Raimund Pousset

Still zieht der Mond

(Sonett vom Silbermond)

Still zieht der Mond die Bahn am Himmelszelt,
auf Mutter Erde scheint er, glänzt im Meer,
schickt Trost dem Menschen, dem das Herz so schwer,
und dem, den nächtelang die Krankheit quält.

Still ruht der Erdkreis, nur ein Hund noch bellt.
In seinem Bett ein Kind, das weint nicht mehr;
es wünscht sich seinen Freund, den Mond, hierher.
Doch wer holt schon den Mond auf diese Welt?

Wer arg verliebt, dem ist der Mond ein Freund,
dem grummelt doll die Liebe in dem Bauch,
der kann kaum schlafen, früh weckt ihn der Hahn.

Auf wen der Silbermond auch scheint –
auf Schlösser, Häuser, Hütten voller Rauch –
seit ewig zieht er stille seine Bahn.

Raimund Pousset

Känguruhsprünge

Nach tiefem Schlaf von Jahrmillionen,
dacht sich der Mensch, es müßt sich loh-
nen,
einmal zum Mann im Mond zu fliegen
und Erdenkräfte zu besiegen.

Die Kapsel landet auf dem Mond,
der war nun gänzlich unbewohnt,
eiskalt, voll Sand und voller Steine.
Die Menschen hopsten an der Leine.

Weil auf dem Mond die Schwerkraft nicht
den Menschen hält am Boden dicht,
genügt ein kleiner Hopser schon,
und haushoch springt der Mensch davon.

Das ist kein Känguruh, das springt,
wild mit dem Sternenbanner winkt,
ins Fernsehbild herüberschaut:
das ist ein Mondflug-Astronaut.

Zur Erde kam der Mensch zurück,
er brachte mit ein Mondsteinstück.
Das also war des Mondflugs Zweck:
zu sehn, dort gibt's denselben Dreck.

Raimund Pousset

Der Mann im Mond

Siehst du den Mann im Mond lautlos dort gehn,
ist nur im Mondlicht undeutlich zu sehn?!
Auf seinem Rücken krumm trägt er viel Holz,
schleppt es nach Hause geschwind voller Stolz.

Seltsam, der Mann geht so flink und behend,
wie man es selten von Männern nur kennt.
Schau doch, mein Kind, schau nur hin ganz
genau,
das ist kein Mann, nein, das ist eine Frau!

Schau dir die Frau im Mond ganz genau an,
vieltausend Jahre die Menschen sie sahn.
Kehrt sie am Morgen nach Hause zurück,
sitzt schon am Tisch ihr Mann – oh, welches
Glück!

Der zieht dann wieder die nächste Nacht fort,
wir von der Erde, wir sehn ihn sofort.
Abwechselnd wandern die zwei übers Jahr,
so ist der Mondmann in Wahrheit ein Paar.

Raimund Pousset

Wer hat den Mond da oben festgemacht?

«Wer hat den Mond da oben festgemacht?»
fragst du.
«Wer läßt ihn scheinen in der Nacht?»
fragst du.
«Wie kommt's, daß er nicht runterfällt»,
fragst du,
«und auf der Erde ganz zerschellt?»

Ich nehme an, du weißt die Wahrheit schon,
das macht – so steht's in jedem Lexikon –
allein die Schwerkraft und die Rotation.
Die hält den Mond, der Mutter Erde Sohn.

Die Helligkeit, man nennt es Mondeslicht,
ist Sonnenlicht, das sich im Mond nur bricht.
In Wahrheit ist der kalte Erdtrabant
ein Kraterfeld und völlig ausgebrannt.

Raimund Pousset

Lied des Mondes

Für dich, mein Kind, da schein ich still,
vom Himmel her auf ewig,
ich bin der Mond, und was ich will,
mit Zauberkraft erstreb ich.

Ich schein bei allen Menschen stumm,
bei Kranken und Gesunden,
bei gut und böse, schlau und dumm,
dreh stille meine Runden.

Ich bin das Kraftwerk der Natur.
Geheimnisvolle Mächte
im Meer ziehn die Gezeitenspur.
Ich bin der Fürst der Nächte!

Raimund Pousset

Die Traumfee

Wenn des Sandmanns Werk vollendet
und die Kinder schlafen kaum,
schwebt ganz sacht im Licht, das blen-
det,
eine Traumfee in den Raum.

Streicht mit ihren kühlen Händen
über fieberheiße Stirn,
kann damit ein Traumbild senden,
tief hinein in Herz und Hirn.

Zarte Träume, wilde Träume,
sendet gern die gute Fee,
Gummibärchen, Zauberbäume,
Sand und Sonne, Winterschnee.

Schloßgespenster, Drachen, Schlangen
schrecken mal ein Kind bei Nacht,
Horrorwesen woll'n es fangen,
weinend ist es aufgewacht.

Unter Tränen, Nasentriefen
nimmt die Fee es in den Arm,
und es spürt im letzten Schniefen,
's ist Mama, die hält es warm.

Raimund Pousset

Kindertraumland

Alle Kinder dieser Erden
wollen fried- und glücklich werden.
Weil die Welt voll Kinder-Kummer,
träumen Kinder halt im Schlummer,
wie die Kinder auf der Erden
trotzdem könnten glücklich werden.
Träumen sich ins Kinderland,
wo regiert mit sanfter Hand
König Kindskopf mit Verstand.

Essen gibt's für alle viel,
Arbeit ist ein großes Spiel,
jeder hat 'nen Zaubergarten,
niemand muß auf Freunde warten,
niemand muß alleine weinen,
tags kann nur die Sonne scheinen,
nachts, da regnet's Tränen runter,
wer wo lacht, macht Menschen munter.

Viele Große denken stur:
Kinderträume sind's ja nur.
Haben leider schon vergessen,
was als Kind sie selbst besessen.
Laßt für alle auf der Erden
Kinder-Träume Wahrheit werden!

Raimund Pousset

Literatur

ARNIM, ACHIM V. und CLEMENS V. BRENTANO: Des Knaben Wunderhorn. München 1957 (nach der Erstausgabe von 1806/08)

BETTELHEIM, BRUNO: Kinder brauchen Märchen. München 1980 (amerik. 1975)

CARP, EMMA: 77 lustige Fingerspiele für unsere Kleinen. Langensalza u. a., 14. Aufl. 1941

Dichtungen aus der Kinderwelt. (Unbekannter Autor) Altherkömmliche Lieder, Erzählungen, Lehren und Singspiele für Kinder von neuem herausgegeben. Campe, Hamburg 1815

ENZENSBERGER, HANS MAGNUS: Allerleirauh. Viele schöne Kinderreime. Frankfurt, 4. Aufl. 1979

FRÖBEL, FRIEDRICH: Mutter- und Koselieder. Leipzig 1911 (nach der Erstausgabe von 1844, Blankenburg bei Rudolstadt)

GÜLL, FRIEDRICH und FRANZ POCCI: Kinderheimat in Liedern und Bildern. Frankfurt a. M. 1975

GÖTTE, ROSE: Sprache und Spiel im Kindergarten. Weinheim 2002

HECKMANN, HERBERT und MICHAEL KRÜGER (Hg.): Kommt Kinder, wischt die Augen aus, es gibt hier was zu sehen. Die schönsten deutschen Kindergedichte. München 1974

PAUSEWANG, ELFRIEDE: Die Unzertrennlichen. Neue Fingerspiele (3 Bände), München, 22. Aufl. 1980

POCCI, FRANZ: Kindereien. Frankfurt a. M. 1976

POUSSET, RAIMUND (Hg.): Handbuch für Erzieherinnen und Erzieher. Berlin 2007

RÜHMKORF, PETER: Über das Volksvermögen. Reinbek 1967

SIMROCK, KARL (Hg.): Kinderlieder. Borowsky-Verlag, o. O., o. J.

STÖCKLIN-MEIER, SUSANNE: Spielen und Sprechen. Ravensburg 2000 (erstmals in Schweizerdeutsch: Zürich 1975)

dies.: Der Schneider hat 'ne Maus erwischt. Zürich 1973

Abdruckgenehmigungen erteilten folgende Autoren und Verlage:

Beltz-Verlag, Weinheim, für «Himpelchen und Pimpelchen» von M. Engelmann-Herz, «Die Kutsch», «Der Fischer», «Die Reise nach Amerika», «Chinesischer Tusch», «Kommando Pimperle», «Klappre Mühle», «Viel Geld», «Händeberg», «Wer kann das?», «Graue Erbsen mit Speck» aus: Emma Carp: 77 lustige Fingerspiele für unsere Kleinen. Langensalza, 14. Aufl. 1941;
und für: «Mein Schmusebär», «Ein kleiner Hampelmann», «In Amerika», «Sieben kleine Mausezähne», «Lüge, nichts als Lüge», «Wozu sind die Füße da», «Da droben auf dem Berge», «Mein Auto springt nicht an» aus: Rose Götte: Sprache und Spiel im Kindergarten. Weinheim ^{4}1981;

Georg Bitter Verlag für «Was denkt die Maus am Donnerstag?» von Josef Guggenmos aus: ders.: Was denkt die Maus am Donnerstag? Recklinghausen 1967 (^{9}1980);

Pädagogisches Zentrum für «Gemüsepuppen», «Reimgeschichten», «Kauderwelsch und Lautsymphonie» aus: Gundel Mattenklott, Alte und neue Spiele. Berlin 1981;

Peter Kirsch für «Das Patsch-und-Pfote-Lied» aus dem Stück «Patsch und Pfote, ein Händezirkus für Kinder von 4–7 Jahren». Berlin 1983;

Suhrkamp Verlag für «Der ist in den Brunnen gefallen», «Der ist in den Busch gegangen», «Binki-Binki», «Ich ging einmal nach Butzlabee», «Wir Hirschlein ziehn zu Walde», «Eine kleine Zipfelmütze», «Morgens früh um sechs», «Vorigen Handschuh», «Ich will euch was erzählen», «Frau von Hagen», «Ein Hund» aus: Hans Magnus Enzensberger: Allerleirauh. Viele schöne Kinderreime. Frankfurt 1961 (^{4}1979);

Verlag gruppenpädagogische Literatur für «Kätzchen trinkt Milch» von Irene Flemming aus: dies.: Fingerspiele. Wehrheim ^{3}1980;

Westermann-Verlag für «Gemüseball» von Werner Halle aus: Halle/Schüttler-Janikulla/Janosch (Hg.): Bilder und Gedichte für Kinder. Braunschweig 1972;

Verlag Volk und Wissen VEB für: «Guten Morgen» von Elsbeth Friemert, Berlin (DDR).